나라를
사랑하는
50가지 방법

나라를 사랑하는 50가지 방법

초판1쇄 발행 • 2010년 4월 30일

지은이 • MoveOn.org
옮긴이 • 송경재 · 김재희 · 이현주 · 민희
펴낸이 • 이재호
펴낸곳 • 리북
등 록 • 1995년 12월 20일 제13-663호
주 소 • 서울시 마포구 솔내1길 19 서연빌딩 2층
전 화 • 02-322-6435
팩 스 • 02-322-6752
www.leebook.com

정 가 • 13,000원

ISBN 978-89-87315-31-7

나라를 사랑하는 50가지 방법

MoveOn.org 지음

송경재 · 김재희 · 이현주 · 민 희 옮김

리북

나라를 사랑하는 50가지 방법

책 제목을 듣기만 해도 거창하다. 그러나 나는 이 책을 처음 접하고 공감과 탄성이 절로 났다. 그 이유는 미국의 무브온MoveOn이란 시민단체의 활동과 조직, 동원의 기술이 내가 알고 있던 그것과는 다른 창조적인 방식을 선보였기 때문이다.

무브온은 시민의 권리와 민주적 시민의식을 고취하는 진보적 시민단체이다. 무브온은 사실 한국적 관점에서 본다면, 공화당보다는 친親민주당계 시민단체라고 할 수 있다. 그러나 무브온의 강점은 단순한 정당지지가 아니라, 그들이 지지하는 민주주의의 가치를 공유하는 무소속이나 공화당 후보들과도 행동을 같이 한다는 점이다. 그리고 무브온은 시작부터 인터넷 활용의 정치운동을 주도하면서 온라인과 오프라인이 결합된 방식의 활동을 하고 있다는 점도 강점이다.

2008년 11월 미국 대선에서 최초의 흑인 대통령에 당선된 버락 오바마Barack Obama 지지세의 이면에 여러 정치 · 경제 · 사회 · 문

5

화의 변화를 고려해야겠지만 무브온의 헌신적인 노력도 무시하지 못한다. 웹 2.0 방식의 소셜 네트워크social network 구축과 무브온이라는 자발적 시민단체의 지원은 오바마 당선에 중요한 변수가 되었다. 그리고 실제 오바마가 낮은 지지율에 머물렀을 때인 2007년 당내경선에서부터 무브온은 회원 투표를 통해 그의 지지를 선언했다.

그런데 이런 많은 활동과 소식에도 불구하고 무브온에 관해 체계적인 소개서가 없다는 것은 의아한 일이 아닐 수 없다. 그런 의미에서 이번 번역서는 무브온에 대한 이해를 도와줄 수 있는 입문서가 될 것이다.

무브온은 어떤 조직인가?

무브온의 출발은 1998년 9월 미국 벤처기업의 요람인 실리콘벨리에서 두 명의 벤처기업인 웨스 보이드와 조앤 블레이즈Wes Boyd & Joan Blades가 89.95달러의 자금과 인터넷 시민청원운동에 대한 아이디어를 가지고 이메일 그룹으로 시작했다. 그들은 이상적인 아이디어를 가지고 '르윈스키Lewinsky 사건'으로 탄핵위기에 몰렸던 클린턴Clinton 전 대통령을 구원하기 위한 e-청원운동을 전개했고, 그 결과는 대단한 성공을 거두었다. 이들은 단기간에 전국적으로 50만 명의 탄핵반대 서명을 받았다.

무브온은 캠페인이 끝난 이후에도 지속적인 시민운동을 전개해, 2009년말 약 520만 명의 회원조직과 20명의 전업 활동가, 20여명의 파트타임 활동가 조직으로 성장했다. 무브온의 주된 활동은 의회나 정부, 언론사 등을 상대로 하는 청원운동과 웹 캠페인이다. 주로 자원봉사 형태로 참여하는 수십 명의 운영자들이 온라인과 오프라인의 융합적인 시민운동을 조직하고 전개한다.

무브온은 정보통신기술을 활용하여 웹 공간web sphere의 다양한 정보 연계의 네트워크를 구축하고 있다. 웹 2.0의 새로운 방식을 활용하여 페이스북http://www.facebook.com/moveon 단문형 블로그인 트위터http://twitter.com/moveon 유튜브http://www.youtube.com/karinmoveon에서도 활동하고 있다.

무브온 활동은 크게 2가지 다른 방식으로 전개한다. 하나는 MoveOn.org Political Action으로 정치 활동이고, 둘째는 비영리단체NPO로서의 MoveOn.org Civic Action으로 시민참여 활동이다. 활동의 정보공유 공간은 웹사이트를 활용하고 별도의 성공사례를 모집, 발표하여 회원들의 참여 효능감efficacy을 강화한다.

앞서도 지적했지만 무브온은 공식적으로 민주당을 지지하는 시민단체임을 밝히고 있다. 때문에 보수 진영으로부터 당파적이라는 비판을 받기도 하지만 무브온의 활동 범위는 정파적 이슈에만 머물지 않고 전쟁반대, 기후변화와 온실가스, 대체에너지 등 환경문제와 미얀마 지진 피해 등 국제적 이슈를 포괄하고 있다.

무브온은 NPO이자 정치단체Political Action Committees, PAC로서의 이중적인 지위를 가지고 있다. 첫째, 무브온은 비영리단체들을 지칭하는 '501(c) 그룹'에 속해 있다. 미국 연방조세법Internal Revenue Code 제501조(c)항에 의해 등록되면 면세혜택을 받는다. 그래서 이러한 비영리단체를 보통 501(c) 그룹이라고 한다.

둘째, 무브온은 전통적인 '527그룹'에 속한다. 역시 연방조세법 제527조에서는 정치단체들에게도 면세혜택을 주고 있다. 정당이나 후보와는 독립적으로 운영되는 외곽 정치단체들로서, 일상적으로 527그룹으로 통칭된다. 이들은 환경, 교육, 낙태 등 이슈를 지지하거나 특정 후보나 정당을 지지하기 위해 무제한으로 모금 활동을 할 수 있다. 반드시 국세청에 의무적으로 등록하고 비용과 지출을 신고해야 하지만, 연방선거위원회FEC에 등록된 경우 국세청 신고의무는 면제된다. 무브온은 미국 내에서도 4번째로 큰 527 그룹이기도 하다.

행동하는 인터넷 풀뿌리 단체, 무브온

최근의 주요한 활동은 e-청원과 웹 캠페인으로 요약된다.

2007년 공화당이 복지예산을 대폭 삭감하는 내용의 예산안을 통과시키려 하자 무브온 회원들은 e-청원과 시위를 벌여 삭감 규모를 크게 줄였다. 또 2006년 테러방지법(정식 명칭은 Anti-terrorism legislation이고 일상적으로 Patriot Act로 불린다) 재개정 반대운동을 펼쳐 시민적 권리를 보장하는 쪽으로 법안을 손질하도록 e-청원을 전개했다. 2005년 4월에도 네오콘 출신 존 볼튼John Bolton 전 국무부 차관이 UN대사로 내정되자 무브온 회원들을 중심으로 반대 서명운동이 있었다.

그렇지만 무브온이 대중적으로 주목받게 된 계기는 2008년 미 대선에서 보여준 오바마의 신개념 웹 캠페인과 오프라인 행동전략 때문이었다. 알려진 대로, 웹 캠페인에 기반한 새로운 시민운동 형태는 저렴한 비용으로 효과적인 인터넷 시민운동 자원을 동원할 수 있다는 장점이 있다. 거래비용의 최소화를 통해 자신들의 목소리를 인터넷과 오프라인에서 극대화하고, 오프라인에서의 강력한 집단행동을 통해 의사를 표현하는 시민연대와 참여가 가능하다. 이러한 무브온 활동은 일상시기와 선거기간에 워싱턴의 거대 기부자 이익집단과 맞서 소액의 기부자들을 웹으로 연계하여 정책을 지지하는 후보를 지원하고, 선거운동을 후원한다. 무브온은 지속적으로 정보통신기술을 활용해 워싱턴 정치인들에게 독점되어 있는 미국의 정치를 국민들에게 되돌리고자 하는 목적으로 풀뿌리 인터넷 시민운동을 전개하고 있다. 그래서 무브온은 이라크·아프가니스탄 전쟁과 의료보험 개혁 등 민감한 이슈가 불거질 때마다 목소리를 내왔다.

무브온은 대통령선거가 끝난 현재도 활발한 활동을 전개하고 있다. 2009년 오바마 행정부가 출범하기도 전에 미국의 정치의제 과제MoveOn's Top Goals for 2009에 대해 온라인 투표를 실시하여 정책화하는데 노력했다. 단순한 오바마와 민주당을 지지·지원하는 선거머신election machine에 머무르지 않고 정책지지단체로 발전하고 있는 것이다.

정치과정에서 인터넷은 중요한 사회적 도구social tools가 된 지 오래이다. 무브온과 같이 자발적인 시민단체가 네트워크를 구성, 정보를 공유하고, 커뮤니티를 활용한 시민운동은 국내외에서도 많이 소개되고 있다. 네트워크 내에서 정치를 이야기하고, 토론하는 방식의 적용은 웹 기능의 유용성 차원에서 의미 있는 실험이 되었다. 한국, 유럽, 미국 등지의 시민단체에서 동시다발적으로 인터넷을 활용한 정치 커뮤니케이션과 선거운동, 주민 소환 등을 진행하고 있는 것은 우연이 아니다.

그렇다면 한국에서도 무브온과 같은 신개념의 인터넷 기반 풀뿌리 운동이 가능할까? 물론 한국의 정치적 구조와 미국의 그것이 다르기 때문에 단순 비교할 수는 없다(청원제도와 자금모금, 의원

로비과정, 선거법 등등). 어쩌면 한국에서는 미국과 달리 풀뿌리 조직 기반이 미약하고 청원이나 시민－의원관계가 다르다는 차이점은 시민운동의 제약이 될 수도 있다. 거기에 당론이라면 무조건 따라야 하는 정당구조와 지역감정, 이념적 혼란은 한국에서 쉽게 정당 지지형 시민단체의 등장을 어렵게 할 것이다.

　기실 무브온 방식의 풀뿌리 시민운동이 반드시 장점만을 가지고 있는 것은 아니다. 현실적으로 무브온은 정당을 지지하는 시민운동단체이기 때문에 내적인 연대가 강하다. 따라서 이러한 집단은 이념적 동질화와 끼리끼리mind-liked화가 우려된다. 그리고 정권창출이라는 공동의 목표 하에서는 문제가 없지만 정책 우선순위나 주요한 사회이슈가 발생할 시에도 공동의 입장을 만드는데 다소 어려움도 있다.

　하나 우리가 유념해야 할 것은 무브온 방식의 한국적 적용만이 아니라 "행동하는 민주주의"로서 시민의 역할이다. 민주주의 체제에서 시민이 당연히 누려야 할 자유와 권리가 제한당하고 불이익을 당하고, 자신이 뽑은 대표를 만나기가 하늘의 별따기인 국가. 이 속에서 시민들은 무엇을 해야 할 것인가? 단순히 대표를 선출한다고 해서 그것이 민주시민으로서 책무를 다한 것일까? 아닐 것이다. 그 해답은 무브온과 같이 자기가 선출한 대표자를 감시하고 견제하는 노력에서부터 시작해야 한다. 진정한 민주주의는 시민이 자신의 권리와 의무를 이행하고 스스로 정치를 감시하고 견제하는 속에서 완성된다.

　대의제 민주주의에서 정당과 시민단체, 이익집단과 같은 정치매개집단의 역할은 중요하다. 그렇지만 지나치게 경직된 정치문화에서 시민들과 대표간의 간극이 존재하고 시민의 의견이 반영되지 않는 현실을 우리는 심심치 않게 목도한다. 그런 맥락에서 무브온은 기존 시민단체와는 다른 정치적 지지 시민단체 성격을 가진다. 그리고 인터넷을 활용하여 시민과 정치와의 거리를 좁히고 생활 속의 민주주의를 위한 중요한 도전을 하고 있는 것으로 평가된다.

따라서 무브온 방식이 한국에 적용이 될 것인가가 문제가 아니라 어떻게 나라를 사랑하고 민주주의를 진일보시킬 지에 대한 치열한 고민이 바로 이 책이 제시하는 중요한 함의일 것이다.

이 책을 번역하는데 도움을 주신 분들에게 감사의 인사를 드린다. 정기적인 세미나를 통해 학문적 영감을 주는 경희대 인류사회재건연구원과 IT정치연구회는 나에게 주요한 학문의 자양분이 되었다. 힘든 작업이었지만 흔쾌히 번역을 해 주었던 민희, 이현주(경희대 정치학과 박사과정)에게 감사한다. 그리고 초벌번역에 도움을 준 박은진, 김민정씨에게도 감사인사 드린다. 무엇보다 늦게 결합하셨지만 가장 꼼꼼하게 문맥을 교정하고, 현장감 있는 언어로 번역을 해 주신 분은 김재희 선생님이시다. 김선생님의 치밀한 작업이 없었으면 이 책은 상당히 허술하게 되었을 것이다. 역자들의 게으름으로 출판일이 늦어졌지만 묵묵히 기다려주신 리북의 이재호 사장께도 사의를 표한다. 아울러 책의 소주제 제목은 독자들의 이해를 위해 의역했음을 미리 밝혀둔다. 미숙한 표현은 전적으로 역자들의 잘못이니 독자들의 지적을 겸허히 수용하겠다.

2010년 봄에
번역자들을 대표하여 송 경 재

Ⅲ. 당당한 시민이 건강한 언론을 만든다
The Many Faces of the Media

Ⅳ. 당신이 만드는 정치 Political Action Is personal

Ⅴ. 당신의 행동 모두가 정치다 Personal Action Is Political

서 문

Introduction

아마도 우리가 무브온 활동을 하면서 알아낸 것 가운데 가장 신나는 것은, 많은 사람들이 기회가 주어지면 진정한 변화를 만들 행동을 할 준비가 되어 있고 또 당당히 도전한다는 사실이다. 이 책을 만들기 위해, 무브온 회원들에게 경험담을 써 보내 달라고 했을 때, 우리는 회원들의 엄청난 반응에 놀랐다. 단 며칠 만에 수천 통의 이야기들이 쏟아져 들어온 것이다.

뉴욕에 사는 27살 케이트 콕스Kate Cox는 9/11 테러 이후 TV 뉴스는 많이 보지 않고 다양한 정보를 더 많이 읽으면서 균형있는 정치의식을 되찾게 되었다고 했다. 캘리포니아의 직장여성으로 일하는 엄마(워킹맘)인 수잔 트루왁스Susan Truax는 주지사 소환투표 통과를 막기 위해 하루에 20통 꼴로 모두 380통의 전화를 했다. 텍사스의 마이클 피트랜드Michael Fjetland는 톰 딜레이Tom DeLay 의원이 계속 무시했던 이슈를 공론화하는 가장 효과적인 방법을 찾아냈다. 딜레이에 맞서 마이클 자신이 공화당 예비선거에 출마한 것이다!

이 책은 무브온 회원들이 나라의 정치 담론에 어떻게 크고 작은 변화를 만들어 왔는지에 대한 경험담을 모은 것이다. 이 책에는 모든 사람들이 더 많이 행동하고, 더 많이 글을 쓰고, 더 자주 의견을 표현할 수 있는 기회와 지식에 대한 조언과 자료들이 담겨 있다. 그 이야기들을 다음과 같이 다섯 개의 장으로 구성하였다.

"연대의 위력The Power of Connecting"에서는 같은 이념과 행동 지침을 가진 개인이나 커뮤니티가 인터넷을 통해 청원petition을 시작하고 서명을 하고 확산하는 방법, 선출직 공무원에게 이메일을 보내는 방법, 지역구 의원과 면담을 마련하는 방법, 온라인 미디어를 만드는 방법, 후보자 정보를 조사하고 그 정보를 널리 알리는 방법 등을 설명한다.

"한 표가 중요하다Every Vote Counts"에서는 우리가 시민으로써 할 수 있는 가장 중요한 행동 즉 투표의 위력을 어떻게 극대화할 것인가에 대한 여러 방안들을 제시한다. 우리의 선거과정이 잘 지켜지고, 기발한 방법을 동원해서 정치인들에게 여태껏 무시당해 왔던 유권자들을 등록하고, 투표를 독려한 사례 등을 제시한다.

"건강한 언론, 당당한 시민The Many Faces of the Media"에서는 우리 정치제도와 여론에 결정적 영향을 미치는 것들을 탐구한다. 무브온 회원들이 어떻게 식견 있는 미디어 소비자가 될 수 있는지, 전통적인 미디어에 어떤 방법으로 다방면의 영향력을 행사할 수 있는지, 보수적인 입장에 어떻게 맞설 수 있는지, 나아가 자신의 미디어를 어떻게 만들 수 있는지에 대해 의견을 나눈다.

"당신이 만드는 정치Political Action is personal"에는 정치에 적극적으로 참여하는 사람들의 이야기가 소개된다. 법안 통과를 위한 활동, 필요한 주민발의안 제의를 시작하고 통과시키는 활동, 선거캠페인에서 자원봉사, 일반 가정집에서 여는 정치파티, 정치자금 모금, 선거사무실 운영, 창조적인 캠페인 전략 개발 등이 소개된다.

"당신의 행동 모두가 정치다Personal Action is Political"에서는 정치적인 대화를 활성화하는데 기여했던 여러 사람들이 활용한 갖가지 독창적인 방법을 소개한다. 예컨대 예술이나 패션을 통해 정치적 견해를 표현하는가 하면, 커뮤니티 서비스에 참여하기도 하고, 정치분야에서 직업을 찾거나 의회에 참여하기도 하고, 정치집회를 준비하기도 한다.

이 책은 아주 우연한 계기로 시작한 한 조직의 자연발생적인 성과물이라고 할 수 있다. 르윈스키 스캔들로 클린턴 대통령 탄핵이 6개월째로 접어들던 1998년 9월, 우리는 정부의 마비와 우리가 직접 선출한 지도자가 국정에 전념하지 못하는 것을 보고 깊은 좌절감에 허덕이고 있었다. 상황을 잘 알기 때문에 그 즈음 상황에 대한 설명을 필요로 하는 사람은 단 한 명도 없었다. 모두 제각기 이 사태에 대해 확고한 의견을 갖고 있었다. 그리고 일반 시민 대부분의 여론은 "이제 그만 하자! 얼른 견책결의를 하고 이제 진지하게 국정에 복귀하는 게 좋겠다."라는 쪽으로 기울고 있었다. 하지만 워싱턴DC의 정치꾼들은 시민들의 요구보다 자기들만의 정치게임 성과가 우선순위를 차지하는 무슨 가상공간에 살고 있는 듯했다. 우리는 100명도 채 못 되는 친구들과 가족들에게 한 문장의 청원서를 보냈다: "의회는 즉시 클린턴 견책을 처리하고 국가가 직면한 절박한 이슈로 움직여 나가야move on 한다."는 것이었다.

이 문장은 진보파와 보수파 그리고 친구나 가족을 막론하고 모두 만족할 만한 메시지였다. 우리들은 이 청원서에 서명하고 자기들의 친구, 친척들에게도 청원서를 전해 달라고 부탁했다. 우리 모두는 이 정치 서커스가 멈추기를 원했던 것이다.

우리는 또 www.MoveOn.org 도메인을 등록하고, 간단한 웹사이트를 만들었다. 일주일 만에 100,000명이 넘는 사람들이 우리의 청원에 서명을 했고, 우리에게 고마움을 전해 왔다. 말도 못 하고 무슨 수를 쓸 능력도 없이 워싱턴의 정치 드라마를 지켜보던 보통 사람들이었다. 마침내 이들이 말문을 열 길을 찾았고 생각을 행동으로 옮길 의지가 생겼던 것이다.

우리는 이러한 커다란 반향에 당황하지 않을 수 없었다. 대중의 강력하고 새로운 결속과 연대를 창조한 데 대해 책임을 져야만 할 것 같았다. 우리는 청원서를 물론 전달하겠지만 그래도 '그 다음은' 어찌할지, 우리는 배울 것이 너무도 많았다.

그 다음 몇 주 동안 우리는 사람들이 이메일을 보내는 것을, 항의 전화거는 것을, 심지어 의원들과 면담을 주선하는 것까지 도왔다. 연방하원이 탄핵 투표를 실시했을 때, 무브온 정치행동위원회 PAC는 사람들에게 새로운 리더십을 의회에 진출시킬 수 있도록 지지해 달라고 요청했다. 탄핵 소동이 끝날 때쯤 우리 회원은 500,000명이 넘었고, 무브온 정치행동위원회는 2000년 선거에서 훌륭한 후보를 지원하기 위해 수백만 달러를 쓰기로 약속했다.

애초 우리는 선거 후에 무브온 활동을 중지하고 온라인 활동은 기존 여러 활동 그룹에게 넘겨준다는 생각이었다. 그런데 회원들은 우리에게 계속 활동하기를 요구했다. 우리 일이 아직 끝나지 않았다는 얘기였다. 그래서 우리는 계속하기로 했다. 그 사이 무브온은 믿을 수 없을 만큼 재능 있고 헌신적인 8명의 전임 활동가들로 채워졌다. 캐리Carrie, 피터Peter, 재크zack, 엘리Eli, 제임즈 James, 노아Noah 그리고 우리(블레이즈Blades와 보이드Boyd)들은 지금도 회원들로부터 편지를 받고 있다. 열정적인 회원들을 만난 것이 행운이었던 것처럼, 무브온 팀의 근면하고 진심어린 동료애를 만난 것도 행운이다.

조직이 점차 성장해 나가는 한편 우리는 새로운 일에 착수했다.

무브온 회원들에게서 무엇이 미국의 가장 긴급한 이슈인가를 알아내는 것이었다. 그들의 관심과 희망은 무엇인가? 우리는 온라인을 통해 참여할 수 있는 민주적 과정을 개발했다. 이메일통신, 설문조사 그리고 행동포럼을 통해, 회원들이 가장 관심 있는 것이 무엇인지를 조사했다. 우리는 2001년과 2002년의 가장 중요한 이슈가 "선거캠페인 자금제도개혁"과 "환경문제"라는 것을 확인했다.

2002년에는 이라크 전쟁을 막아야겠다는 캠페인을 추진한 덕택에 우리 단체가 정치무대 한복판에 등장하게 되었다. 50개 모든 주에서 회원들은 의원들과 만나, 이라크 상황을 외교적으로 해결해 달라는 청원서를 전달했다. 반전시민단체 연합인 '전쟁 없는 승리The Win Without War'가 결성되고 평화적 해결을 요구하는 여론을 부각시켰다. 이 연합에 참여한 기관이 20여 개였는데 그 중에 National Council of Churches, Sierra Club, Physicians for Social Responsibility, NAACP, NOW, True Majority, Working Assets, 노동자 그룹 등도 끼어 있었다.[1] 무브온 회원들은 전화를 하고, 편집

---

1) 미국의 대표적인 시민운동 단체들이다. '진정한 다수True Majority'는 미국 내 자유주의를 신봉하는 시민단체 집단이다. 2008년에 700,000명의 회원을 가지고 있으며 무브온과 함께 다양한 활동을 하고 있다. Common Cause는 '공동의 대의'란 뜻으로 1970년 9월 창립된 시민운동 단체로 부패에 맞서는 자원봉사단체이다. People for the American Way 는 2001년 파커와 스톤이 만든 진보성향 지지단체이다. Sierra Club은 가장 오래된 환경운동 단체로, 금광개발로 서부의 산림지대가 훼손되자 이를 지키기 위해 1892년 설립한 비영리 단체이다. American Federation of Labor and Congress of Industrial Organizations는 전미산별노조총연맹, Natural Resources Defense Council는 환경기구인 천연자원보호위원회를 지칭한다. Working Assets은 기업의 사회적 책임을 목적으로 하는 무선, 장거리전화, 신용카드 회사이다. 이 회사는 비영리기구에 많은 기부를 하는 것으로 잘 알려져 있다.

자에게 편지를 쓰고, 공공장소에서 전단을 나누어 주고 또 시위행
진도 했다. 우리가 "현지조사부터 실시하라Let the Inspections Work!"
라는 첫 전면광고를 뉴욕 타임즈에 게재하기 위한 후원을 요청했
을 때, 회원들은 기꺼이 응해 주었다. 35,000달러가 모금목표였는
데 10,000명이 넘는 개인 기부로 총 400,000달러를 모금했다.

2004년 1월, 무브온은 전국회원 180만 명의 조직으로 성장했다.
이제까지 정치에 관심이 없던 사람들이 글을 읽고, 말하고, 질문하
는 방식으로 참여했다. 고무적인 것은 다른 그룹에서도 온라인으
로 회원들을 접촉하기 시작했다는 사실이다. 전미산별노조총연맹
American Federation of Labor and Congress of Industrial Organizations은
120만 명의 온라인 운동가들이 있다. 미국가족계획연맹Planned
Parenthood 역시 40만 명이 온라인으로 연결되어 있다. 천연자원보
호위원회National Resources Defense Council는 60만 명이 넘는 회원들
이 온라인으로 연결되어 접촉하고 있다. 우리들이 관심 있는 정치
이슈를 통해 이처럼 계속 연대하면 머지않아 정치인들은 우리 시
민들의 의견에 더욱 충실히 복종하게 될 것이다.

우리는 우리가 사랑하는 것들에 대한 더 높은 기준들을 마련했
다. 우리는 이 나라의 모든 것—우리의 자유, 다양성, 전통—을 사
랑하기에, 이 나라가 그러한 가치들이 최상으로 실현되는 곳이 되
도록 힘쓸 것이다. 우리는 표현의 자유, 집회의 권리, 평범한 시민
들에 의한 정치적 행동이라는 고매한 전통이 있는 나라에서 사는
축복 받은 시민이다.

2,500편이 넘는 이야기 가운데 50편만 고르는 것은 너무도 힘든
일이었다. 우리는 기고자들에게 한없는 감동을 느끼고 있으며 대
중이 정치에 무관심하다는 냉소적인 생각은 이 책으로 불식시킬

수 있으리라 믿는다. 힘들고 벅찰 때 마다 우리는 이 이야기들을 읽고 다시 기운을 내고 있다.

크든 작든 정치대화에 참여하는 일, 그것이 우리 모두에게 생기를 불어 넣는다. 여러분들이 성취한 그 모든 것에 감사드린다.

조앤 블레이즈Joan Blades, 웨스 보이드Wes Boyd

무브온 창립자

I.

연대의 위력

The Power of Connecting

서론
Introduction

피터 셔먼, 무브온 총괄디렉터
Peter Schurman, Executive Director, MoveOn

세계에서 가장 중요한 정치 실험이 시작된 지 200년이 넘었으니, 우리는 그 세 번째 세기에 살고 있다: "국민의, 국민에 의한, 국민을 위한" 미국 민주주의 실험이 세 번째 세기를 경험하고 있다. 미국 건국의 아버지들The Founders은 민주주의를·가로막는 욕심, 탐욕, 야심을 가진 세력이 얼마나 무서운지 충분히 알고 있었다. 그래서 인간의 갖가지 사악한 충동을 억제시키는 한편, 더불어 함께 일하고자 하는 우리들의 본능을 한껏 극대화하고 후손을 위해 더 나은 미래를 이루도록 유도하는 무척 복잡한 균형과 견제의 제도를 창설했던 것이다.

그러나 오늘날 일어나고 있는 몇 가지 현상을 보면서 민주주의의 장래를 걱정하지 않을 수 없다. 국민에 의한 통치라는 꿈을 휩쓸고 엎어 버릴지도 모르는 두 세력이 민주주의를 위협하고 있기 때문이다. 바로 기업의 돈과 미디어의 위력이다. 최신 기술이 현대 미디어와 다국적 기업을 창출했다. 반면 그 동일한 기술로 인해 우리 개개인 또한 놀랍도록 새로운 능력을 얻었다. 개인 손에

쥐어진 새로운 기술로 우리는 많은 사람들과 서로 연대connecting 할 수 있고, 함께 행동할 수 있게 되었기 때문이다. 연대를 가능하게 하는 이 새로운 능력이 마침내 정치의 전환을 가져 오고 있다.

연대야말로 모든 것을 좌우하는 관건이다. 민주주의를 보존할 수 있는 유일한 방법이 연대라는 말이다.

인터넷은 수십 년 동안 겪어 본 방법 중 가장 우수한 연대의 도구이다. 쉽게, 빨리 그리고 값싼 비용으로 연대할 수 있다는 장점이 있다. 수백에서 수천만 명의 개인이 다양한 시민 결사체 조직인 트루 메이저리티, 커먼 커스, 피플 포 디 아메리칸 웨이, 시에라 클럽, 전미산별노조총연맹, 천연자원보호위원회, 워킹 어셋 그리고 무브온 등이 연결되었다는 것은 인터넷의 장점을 증명하고도 남는다. 여기 꼽힌 크고 작은 조직이 함께 더 성과를 올려 승리를 거두고 있는데, 이를테면 보수파의 계획 일부를 도중하차 시킨다든지, 때로는 비전 있는 법을 통과시키는데 힘을 싣기도 했다. 좋은 예로 캘리포니아 주의 온실가스 배출 감소법안은 다른 주에 영향을 주어, 전 연방이 같은 방향으로 나갈 수 있는 길잡이가 되기도 했다.

온라인 연대는 무시할 수 없는 강력한 장점을 갖고 있다. 여기에 기고한 사람들이 온라인 연대 이용방법을 설명하고 있으니 나는 여기서 그 장점을 다음 몇 가지로 구분해 보겠다. 온라인 연대는 ;

저렴한 비용 : 예를 들어, 온라인 청원을 하고자 할 때, 새로 참가하는 청원 비용은 거의 무료다.

효율 : 온라인을 통해 수천만의 목소리를 순식간에 올릴 수 있어 의원들이 무시 못할 그룹으로 인정받을 수 있다. 로비스트

의 목소리에는 귀를 기울이면서 자신의 선거구민들의 소리
는 한마디도 듣지 못하는 의원들에게도 무시 못할 존재가
되는 것이다.

동원 : 온라인 연대의 첫 단계를 거치고 나면, 연대는 쉽게 온라인
은 물론 오프라인으로까지 확대시킬 수 있으며 점점 힘 있
는 행동으로 나아갈 수 있다.

우리는 마음에 맞는 사람들만의 동아리에 머물지 않고 그 울타
리 밖으로 손을 내밀어야 한다는 것을 잊지 말아야 한다. 특히 인
터넷에서는 비슷한 생각을 하는 사람들끼리 똘똘 뭉쳐 스스로 고
립될 우려가 크며, 또한 우리가 선호하는 뉴스 출처에만 관심을
갖는 경우도 극복해야 한다. 오늘날처럼 양극화된 사회에서, 어떤
이슈에 대해서는 우리와 다른 생각을 가진 사람들과 의견을 교환
하고 정중한 대화를 나누며 끌어들여야 한다.

전국 방방곡곡을 몇 번 돌아보면서 나는 확신할 수 있었다. 어느
곳에서 만난 사람들이라도 모두 근본적으로는 정중한 시민의식,
낙관적인 성향, 옳은 일을 하고자 하는 책임감 같은 일정한 가치
관들을 함께 공유하고 있다는 사실이었다. 이러한 가치관을 인디
애나와 아이다호처럼 이른바 "보수경향" 주에서 매사추세츠와 캘
리포니아와 같이 "진보경향" 주에 이르기까지, 아니 오히려 보수
경향 주에서 더 빈번히 만날 수 있었다.

미래세대에게 더 나은 세상을 넘겨 주어야겠다는 기본 신념을
공유하는 사람들 그리고 "기회"가 주어진다면 그것을 위해 싸울
자세가 되어 있는 사람들이 국민의 절대 다수이다. 그들의 힘으로
미국은 현상 유지를 하고 있다고 나는 믿는다.

온라인 연대는 바로 그 "기회"를 제공할 수 있다. 이 장에 소개하는 필자들처럼, 우리는 다른 사람들과 연대할 수 있고, 함께 우리 나라의 장래를 바꿀 수 있다.

피터 셔먼은 환경, 교육, 정부 분야와 연관된 풀뿌리 및 미디어 동원활동에 종사해 왔다. 모금운동과 행동조직 개발에도 조예가 깊다. 시에라 클럽Sierra Club, 미국 폐협회American Lung Association 등 여러 단체의 과제연구를 한 경험도 있다. 그는 인터넷의 다수 대 다수many-to-many 힘을 통해 민주적인 정책결정과정이 더욱 많은 다수를 포용하게 될 것이라 확신한다.

온라인 청원을 하라
Create an Effective Online Petition

도로시 키일러, 51세, 알래스카 앵커리지

Dorothy Keeler, 51, Anchorage, Alaska

나는 얼마 전 데날리 국립공원Denali National Park의 야생늑대가 처한 위험을 세상에 알려야 했다.

남편과 나는 야생동물 사진작가이다. 우리는 1990년부터 탁랏 Toklat종 늑대에 관한 사진 작업을 이 공원에서 해왔다. 매년 수천만 명의 관광객들이 탁랏종과 생츄어리Sanctuary종 늑대를 보기 위해 공원을 찾는다. 신기하게도 늑대들은 관광객들이 가까이 접근해도 별로 거부반응을 보이지 않아, 독특한 야생동물로 알려지게 되었다. 그러나 겨울에는 늑대 무리들이 사냥을 하기 위해 공원의 안전지대를 벗어나곤 했는데 그때마다 덫에 잡히거나 죽는 늑대가 부지기수였다. 생츄어리종은 공원 입구 부근에 놓인 덫에 걸려 어느 겨울에 몰살당했다. 탁랏종도 1990년대 초에 최고 18마리에서 1998년에 2마리로 줄어들었다. 다행히 이 두 마리는 무리를 이끌었던 대장 알파Alpha 수컷과 암컷이었기 때문에 다음 해 새끼를 낳아 멸종은 면했다. 생츄어리종이 멸종되자, 인근에 살던 마가렛 Margaret종이 그들의 터전으로 이동했다.

2001년, 알래스카 야생생물보호동맹Alaska Wildlife Alliance[2]의 동료들은 남아있는 늑대들이 자주 나타나는 공원인근 지역을 완충지대로 지정하기 위해 나섰다. 마침내 우리들은 이 지역에서 늑대 포획을 금지하자는 제안서를 알래스카 야생생물자원위원회Alaska Board of Game에 제출했다. 위원회가 다음 회의에 완충지대 지정 여부를 논의하기로 하자마자, 사냥을 옹호하는 로비단체들이 강력한 정치적 압력을 가하기 시작했다. 알래스카인의 80% 이상이 야생동물보호를 지지하는 입장임에도 불구하고, 위원회는 전원이 사냥 또는 덫놓기를 즐기는 인물들로 구성되었기 때문에 사냥의 추가제한을 완강히 반대하는 입장이었다.

실패 상황에 직면한 우리는 무슨 수를 써서라도 늑대를 보호하고자 하는 대중의 지지가 열렬하다는 것을 보여 주어야 했다. 위원회 회의 일주일 전 나는 간단한 웹사이트를 개설하였다. 사이트는 어째서 늑대들이 특별 보호를 받아야 하는지를 알려주는 사진과 쟁점이 되는 현안의 개요를 올려놓고 서명란을 만들어 www. thepetitionsite.com에 개인이 청원할 수 있도록 했다. 한편 서명하는 청원자들이 개인적으로 의견을 표명할 기회를 주기 위해 몇 가지 문답란도 만들어 놓았다.

일주일밖에 시간이 없었기 때문에 우리는 한시가 급했다. 우선 내 주소록에 있는 모든 사람들에게 e—카드를 보냈다. 그리고 알래스카의 환경단체 대표 모두에게도 e—카드를 보냈다. 다음으로 간단한 보도자료를 작성했다. 그리고 신문사 편집장들 앞으로도 편지를 썼다. 현안을 소개하고 웹 사이트의 주소를 편지에 포함시

---

2) 1978년 알래스카 주 앵커리지에서 설립된 야생생물보호단체이다.

켜 알래스카에 있는 신문사에 모조리 보냈다.

　미국에서는 한 주도 빠짐없이, 또 해외 36개국에서 1,000여명이 청원에 서명을 하였다. 나는 지역 미디어 편집국마다 전화를 걸어 위원회 회의 장소에 청원서 상자를 손수레에 담아 밀고 들어가겠다고 선포했다. 이 소식이 저녁 6시 뉴스에 보도되었고 결국 위원회에서는 완충지대 신설 제안을 법령화하기로 하였다. 청원운동이 위원회가 완충지대를 만들도록 지정하는 데 결정적인 역할을 한 것이다. 마침내, 청원에 서명한 사람들 덕분에 늑대들은 완충지대에 의해 보호받게 되었다. 그럼에도 불구하고, 알래스카의 늑대와 환경 보호는 아직도 끊임없는 반대 측의 압력을 받고 있다. 하지만 우리는 이제 어떤 압력에도 이겨낼 준비가 되어 있다.

MoveOn Tips

- 캠페인의 중심 초점이 잘 드러나는 웹사이트를 만들어라. 웹사이트 안에 포함된 모든 항목은 방문자 중심으로 구성되어야 한다.

- www.thepetitionsite.com 안에 청원 웹사이트를 만드는 것이 좋다.

- 이메일과 e-카드를 통해 메시지를 최대한 확산하라. 도로시 키일러는 http://mypostcards.com을 사용했다. 이것은 비용이 들지 않으면서, 우편카드 웹 호스팅을 제공하는 사이트이다.

- 개설한 웹사이트에 대해 관심이 있는 편집자에게 편지를 써

라. 이 방법으로 지역주민들이 청원에 서명할 가능성을 높일 수 있고, 비싼 광고비용을 아낄 수 있다.

도로시 키일러는 전문 야생동물 사진작가이자 시민운동가이다. 남편은 레오Leo. 두 사람은 야생동물 보호 노력을 주제로 CBS뉴스 프로그램에 출연하기도 했다. 그들은 현재 www.akwiidlife.com을 통해 야생동물 보호운동에만 전념하고 있다.

청원이슈로 온라인을 장악하라
Spread the Word about Online Petitions

비시 카오, 21, 캘리포니아 로스 앤젤레스
Bich Ngoc Cao, 21, Los Angeles, California

캘리포니아 법안 25California Assembly Bill 25는 포괄적인 이성 및 동성 동거파트너Domestic Partner 관련 법안으로, 이 법안은 2001년 9월, 많은 시민운동가들의 전국적인 풀뿌리 캠페인 및 네티즌들의 컴퓨터 마우스 클릭에 힘입어 주의회에서 통과되었다. 나는 캠페인이 추진력을 발휘할 수 있도록 열심히 도왔던 사람으로서 법안이 통과되었다는 뉴스를 들었을 때 "지금 막 엄청난 일이 일어났고, 내가 그 과정의 한 부분"이었음을 깨닫고 환호하며 기뻐했다.

1년 전에, 나는 양성결혼만을 결혼으로 규정한 나이트 발의안 Knight initiative[3]의 통과에 매우 분노했다. 이 법이 발의되기 전에, 동성 결혼이 법적인 규정과는 상관없는 일이었기 때문에, 나는 이 법의 발상 자체가 단지 캘리포니아 주민들을 분열시키기 위해 마

---

3) 2000년 동성 결혼을 반대하는 캘리포니아 주 결혼금지법으로 발의자인 윌리엄 나이트 주상원의원의 이름을 따서 명명되었다. 그러나 이 법의 반대자들로부터 동성애자들의 헌법적 권리를 침해하며 사회적 비용을 야기시키는 극우적 발상이라는 비판을 받았다.

련된 법안이라고 느꼈다.

평등주의 지지자들은 반대 캠페인을 시작했고, 나도 거기에 동참했다. 주의회와 주지사 그레이 데이비스Gray Davis를 상대로 '법안 25'의 통과를 촉구하는 청원에 서명할 사람들을 모으기 위해 민권운동단체들과 LGBT[4] 지역사회 그룹들이 축제, 콘서트, 농민 직판장터Farmers' Markets 등의 모임에서 사람들을 동원하는 활동을 펼쳤다. 인터넷에서는 나와 같은 자발적 참여자들이 이메일을 통해 친구들의 서명을 모았다. 나는 친구들에게 평등에 대한 상식적인 정의감을 발휘하라고 호소했다. 무슨 특별한 권리가 아니라 동거파트너의 기본적인 권리, 예컨대 사고 등으로 무의식상태에 처한 동거파트너를 대신해서 동거인이 중요한 치료 결정을 내릴 수 있는 법적 권리 등에 관한 설명을 거듭했다.

이견이 분분한 문제에 대해 친구나 가족들과 대화를 나누려고 한 것은 이번이 처음이었다. 그래서 나는 모든 지인들에게 똑같은 내용의 메일을 한꺼번에 보내는 대신에, 모두에게 청원에 서명할 것을 요청하는 개인적인 이메일을 전송했다.

놀랍게도, 며칠 만에 60명으로부터 서명을 받았다. 대부분 동성애를 지지하리라고는 생각지도 못한 친구들이었다. 심지어 정치에 대한 나의 열정을 항상 조롱했던 내 동생마저도 이메일을 자기 친구에게 전달했다. 정말 믿을 수 없는 일이었다.

물론, 다소 비난을 받기도 했다. 가장 흥미로운 반응은 "당신은 게이도 아니면서, 왜 관심을 보이는가?"였다. 나는 사람들에게

---

4) LGBT는 레즈비언Lesbian, 게이Gay, 양성애자Bisexual, 성전환자Transgender 를 집합적으로 지칭하는 축약어이다.

"게이만 이 법에 관심을 가져야 한다고 생각하는 것은 적절치 않다. 이 법안 25는 모든 국민이 누려야 할 기본권을 동성 또는 이성 동거인들에게 보장해 주는 법이기 때문이다"라는 말을 수없이 반복해야 했다.

결국, 사람들은 평등에 대한 우리의 메시지를 이해하고 공감했다. 2001년 10월 주지사 그레이 데이비스가 법안에 서명했을 때, ACLU[5] 대변인 크리스토퍼 칼훈Christopher Calhoun은 다음과 같이 말했다.

"캘리포니아 역사상 처음으로 LGBT 권리를 찬성하는 지지자들의 편지와 전화, 이메일 그리고 팩스가 반대편보다 더 많았다."

극우 진영이 게이의 권리보장을 반대하는 운동을 멈추었기 때문에 우리가 성공한 것만은 결코 아니다. 우리가 캠페인을 통해 시민권에 대해 기본적인 관심을 가지고 있는 사람들을 대대적으로 동원했던 것이 그 열쇠이다.

나는 인터넷을 이용하여 법안 통과를 도왔다는 사실이 한 없이 기뻤다. 한 사람 한 사람에게 일일이 개인적인 편지를 써서 보다 쉽고 신속한 수단인 이메일로 보냈던 것이다. 그 이후로 친구들에게 다양한 정치 이슈를 토론하는 이메일을 자주 보내고 있다. 캘리포니아 법안 25로 인해, 처음으로 이메일을 쓰는 시도를 하지 않았다면, 또 운동에서 대대적으로 성공하지 않았더라면, 나는 감히 정치토론 이메일 같은 것을 보낼 생각도 못했을 것이다.

---

5) 미국자유인권협회American Civil Liverties Union의 약자로 자유주의적 시민 단체이다.

MoveOn Tips

- 가장 효율적인 방법은 한 사람 한 사람에게 따로 쓰는 이메일이다. 이 이슈가 당신에게 어째서 중요한지, 이메일 수신자가 어떻게 도울 수 있는지를 설명하는 편지를 써야 한다.

- 개인적인 편지를 모두 쓸 수 없다면, 많은 사람들에게 호소할 수 있는 내용으로 작성한다. 반대하는 사람들의 견해도 존중하여야 한다. 도발적인 태도를 취할수록 설득력이 떨어진다. 도발적인 태도는 상대방의 기분을 상하게 할 뿐 아무 이득도 얻지 못한다.

- 이메일에 인용하는 정보의 출처를 꼭 포함시킨다. 이메일 수신자들이 더 알고 싶으면 직접 정보를 찾아 볼 수 있도록 도와주는 것이 좋다.

- 이메일을 지나치게 자주 보내는 것은 삼가는 것이 좋다. 수신자를 짜증나게 할 수도 있다.

비시 카오는 로스앤젤레스에 있는 University of Southern California에서 저널리즘과 정치학을 공부하는 학생이다. 그녀는 자칭 인터넷 전문가이다.

청원에 서명하라
Sign a Petition

데이비드 린치, 45, 노스 캐롤라이나 애슈빌
David Lynch, 45, Asheville, North Carolina

세상일에 대해 항상 불만을 품고 살아왔으면서도 나는 1년 전까지만 해도 적극적인 정치활동을 해 본 경험이 없었다. 선거 때면 투표는 틀림없이 했지만, 다른 활동이라곤 신문이나 방송 편집장에게 가끔 편지나 쓰는 게 고작이었다. 그런 내가 정치에 더욱 깊게 관여할 것이라고는 상상조차 하지 못했다.

하지만 이라크 전쟁에 반대하는 무브온의 청원서에 서명하면서부터 나의 인생은 완전히 달라졌다. 서명 얼마 후, 무브온은 이메일로 내게 부탁을 해 왔다. 청원 서명운동 주 대표단을 이끌고 노스 캐롤라이나 주의 존 에드워즈John Edwards 상원의원 사무실을 방문, 서명서를 전달하는 행사를 맡아 달라는 것이었다. 상원의원 사무실과 방문시간을 조정하고 참석자 연락 및 명단 작성을 하는 등 모든 과정이 처음이었기 때문에 여간 힘든 것이 아니었다. 그러나 결국 관심 있는 시민들을 35명이나 모았고, 이들을 이끌고 3,400명이 넘는 노스 캐롤라이나 주민이 서명한 청원서를 에드워즈 의원에게 전달했다. 이 행사는 지역 신문에 보도되기도 했다.

사무실을 걸어 나오는 순간 나는 벅차오르는 기운을 온 몸에 느꼈다. 내 자신이 알지 못했던 재능과 능력을 마침내 발굴해 활용했다는 사실 때문이었다. 내게 그 행사의 끝은 바로 새로운 시작이기도 했다. 그 날 지역 활동가들과 점심 식사도 같이 했는데 그 뒤 이들과 같이 일할 기회를 자주 갖게 되었다. 서부노스캐롤라이나평화연합Western North Carolina Peace Coalition 회의에 초대된 경험은 나도 모르는 사이 어느새 연합 일에 몰두하게 된 계기가 되었다.

나는 워싱턴DC의 반전시위에 두 번 참여했고, 고향에서 평화 시위를 조직하는 것을 도왔고, 우리 지역 의원을 찾아가 전쟁에 항의하는 모임에 다른 무브온 대표들과 함께 참석했다. 지역 신문, TV 그리고 라디오에서 내 인터뷰를 싣기 시작했다. 나는 지역 신문에 논설을 기고하기 시작했고 그 중 하나는 웹사이트 www.alternet.org에 실리기도 했다. 나는 전문적인 그래픽 디자인 기술을 발휘하여 포스터, 광고, 배너, 전단지를 만들고 돌려 우리의 평화 시위에 전례 없이 많은 사람들을 참여시키기도 했다.

여태껏 나로서는 생각도 못했던 방법으로 지역사회와 나라에 공헌하고 있다는 느낌을 갖게 되었다. 더불어 대가를 바라고 한 일은 아니었지만, 이 영광스러운 일을 하는 동안 나는 주변 사람들과 더 가까워지게 되었고, 지금껏 전혀 경험하지 못했던 연대감을 느끼게 되었다. 아직 세상을 바꾸어 놓지는 못했으나 나는 가장 중요한 첫 발을 내딛었고, 그 첫발이 바로 나를 다른 사람으로 바꾸어 놓았다.

MoveOn Tips

- 평판이 좋은 단체의 웹사이트 온라인 청원에 서명을 하자. 자기가 가장 지지하고 싶은 단체의 웹사이트에 들어가면 된다. 무브온이나 또는 그와 유사한 여러 단체에서 이메일 뉴스레터를 제공하고 있다. 구독자가 되는 즉시 현재 진행 중인 청원이슈의 주요 소식을 알 수 있고, 각 청원에 참여하는 정보도 실시간으로 알 수 있다. 이런 뉴스레터에는 보통 지역 상·하 의원의 전화번호나 주소가 있어 공직자와 쉽게 접촉할 수 있을 뿐만 아니라 현안에 관한 의견을 표현하는데 여러 가지 힌트도 얻을 수 있다.

- 사이트가 링크되어 클릭해 들어갈 수 있게 되어 있는 이메일을 보내라. 이런 이메일을 이용하면 청원서를 바로 읽을 수 있고 서명할 수 있다. 메일을 받은 사람이 친구들에게 이메일을 전달해 달라는 메시지를 꼭 덧붙여라.

데이비드 린치는 노스 캐롤라이나 서부의 산중에 사는 그래픽 디자이너, 시민운동가, 고전음악 바이올린 연주자이다.

정보를 공유하라
Share Informed Political Recommendations

마이클 로젠탈, 48, 캘리포니아 페어팩스
Michael Rosenthal, 48, Fairfax, California

25년 전 나는 그때까지 기부해 오던 한 정치행동위원회에 불만을 갖기 시작했다. 위원회가 나의 기부금을 잘 사용하는 것 같지 않았기 때문이다. 이 위원회에서는 선거에서 승리가 보장된 후보들을 골라 밀어 주곤 했다. 또한 초당파적 입장을 유지한다는 명목으로 공화당 후보를 지지하는 경우까지 있었다. 그렇게 뜨뜻미지근한 방법은 내 입장과는 전혀 달랐다. 나는 양당후보의 득표율 전망이 막상 막하인 선거구에서 진보적인 민주당 후보가 선출되도록 하는 데 내 돈을 사용하고 싶었다.

1982년 몇 가지 조사 결과를 분석해 본 나는, 상원의원 선거 중 두 개 선거구가 나의 기준에 맞는다는 결론을 내렸다. 별로 큰 금액은 아니었지만, 두 민주당 상원의원 후보에게 기부금을 직접 보냈다. 아니나 다를까 그 중 한 후보가 예상을 뒤 엎고 승리해 상원의원으로 선출되었다. 뉴멕시코 출신의 제프 빙거먼Jeff Bingaman 상원의원은 아직도 의원이며, 그의 상원 법안 투표기록은 패배한 극우파 공화당 후보에 비할 수 없을 정도로 우수했다. 내 소액기부가 선거 결과를 좌우했다고 주장하는 것은 무리겠지만 그랬을지도 모른다고 생각하며 뿌듯해 하고 있다.

한 번의 성공경험에 기분이 들뜬 나는 조사 범위를 확대하고 비슷한 신념을 가진 친구들에게 후보를 추천하는 작업을 하기로 결심했다. 1980년에 처음으로 〈진보의 승리를 위한 경보Progressive Election Alert〉라는 책을 출판했는데, 이 책은 이후로 선거 때마다 출간되었다. 전국 상원의원 선거 중 몇몇 경쟁지역을 중점적으로 다루되, 간단명료하게 또 이해하기 쉬운 문체로 꾸민 책자다. 지금까지 100명이 넘는 후보들의 선거자금 모금에 이 책자를 사용해 왔다.

그러나 책이 기부금 모금에 도움이 되었다는 이야기가 전부는 아니다. 책 출판 후 사람들이 나에게 투표에 대한 조언을 구하기 시작했다. 캘리포니아의 경우 너무 많은 후보자와 정책, 법안들이 포함되어 있어서 정식 유권자 가이드가 두 권일 경우도 있었다. 우리가 아무리 시사에 밝다고 자부한다고 해도 옳은 투표 결정을 하는 것은 녹녹치 않은 일이다. 그래서 선거 이슈를 연구하기 시작했다. 그리고 결과를 요약하여 나만의 투표 가이드를 제작해서 가족, 친구 그리고 지인들에게 배포하였다.

반응은 정말 대단했다. 친구들은 믿을 수 없을 만큼 고마워했다. "너의 추천이 없었으면 어떡할 지 몰랐을 거야!" 제일 많이 듣는 말이었다. 투표장에 나의 리스트를 들고 간 사람도 많았다. 심지어 몇몇 사람들은 나의 리스트를 친구들에게 나눠 주기도 한다.

〈마이크의 족집게Mike's Picks〉는 이전 책인 〈진보의 승리를 위한 경보〉에서 파생된 책인데도, 이제는 그보다 훨씬 더 큰 영향력 있는 책자가 되었다. 하지만 아직도 2년마다 〈진보의 승리를 위한 경보〉는 계속 출판하고 있다. 유권자들이 무지한 상태에서 선택하지 않도록 필요한 정보를 많이 또 쉽게 접할 수 있도록 하면 투표율은 올라갈 것이고, 선거는 더 좋은 결과를 가져올 것이다.

MoveOn Tips

- 영향력을 높이기 위해서 지인들에게 정보를 제공해야 한다.
- 정보를 되도록 간결하고 읽기 쉽게 만든다.
- 정치 활동에 명망있고 당신이 존경하는 인물들의 네트워크를 개발하여 그들의 정보와 견해를 활용하라.
- 정보를 선거일보다 훨씬 일찍 배포한다. 많은 사람들이 부재자 투표를 하기 때문에 선거일 훨씬 전에 투표를 끝낸다.
- 이슈 투표에서는 사람들에게 가부를 설득하려 하지 않는다. 이슈의 내용을 확실히 알 수 있도록 설명함으로써 정보와 더불어 당신의 열정을 전달하는 것이 더 효과적이다. 원한다면 그들이 더 알아 볼 수 있도록 자료의 출처를 알려 준다.
- 후보자에 대해 토론하고 추천 기준을 만들 수 있는 몇몇 친구들을 모아 후보나 이슈에 관해 심층토론도 하고 추천서도 같이 만든다. 함께 하면 자신의 부담을 줄이고 일을 더 재미있게 할 수 있을 뿐만 아니라 노력에 비해 몇 배의 효과를 올릴 수 있다.

마이클 로젠탈은 샌프란시스코의 지역 방송 프로듀서이자 작가이다. 그는 아내, 고양이와 함께 옛날 기차역 건물에 산다. *Progressive Election Alert, Mike's Picks*는 그의 웹사이트 www.mikepac.org에서 자세히 볼 수 있다.

메시지를 전파하라
Speak Out Online

마이클 튜리판, 33, 제임스 린킨, 52, 뉴욕 뉴욕

Michael Tulipan, 33; James Linkin, 52, New York, New York

내가 제임스와 함께 온라인에서 진보적 대담 프로그램인 "OutrageRadio"를 개발하기 시작했을 때, 우리는 힘든 도전에 직면하게 될 것이라는 사실을 알고 있었다. '진보주의자들은 상업 라디오를 듣지 않는다.' '인터넷은 죽었다.' '현직 대통령을 선거에서 이겨낼 도리가 없다.' 등 부정적인 논평을 귀가 따갑도록 들어왔던 것이다. 당시 대통령을 비판하거나 반대하는 사람들이 하는 일이 성공할 가망성은 매우 희박해 보였다. 그럼에도 불구하고 우리는 모든 난관을 물리치고 싸워 나갈 방법, 특히 대재벌 미디어에 대항할 방법을 찾고 있었다.

마침 그때 우리는 각자가 다른 계기로 무브온을 알게 되었다. 나는 무브온의 반전캠페인에 대해 들었고, 특히 인터넷을 통한 모금에 매우 감탄했다. 제임스는 또 제임스대로 인터넷을 사용하여 양심 있는 지성인 사이에 연대감을 형성하는 무브온의 효율성과 점잖은 접근방법에 호기심을 갖게 되었다.

OutrageRadio를 준비 중이었던 우리는 2003년 8월 7일에 뉴욕

대학에서 열린 무브온 회원 모임에 엘 고어Al Gore의 강연이 있다는 공지를 받았다. 나는 즉시 회답메일을 보내며, 제임스를 나의 게스트로 추가했다. 공교롭게도 제임스 역시 나를 게스트로 추가했기 때문에 우리는 결국 이중으로 예약을 하게 되었다! 재미있는 것은 그때까지 우리는 서로 무브온 회원이라는 사실을 얘기해 본 적이 없었다는 사실이다. 말할 필요도 없이, 우리 둘은 그 강연을 듣고 미국에 아직도 부시정권에 반대하는 의견이 죽지 않고 살아 있다는 사실을 확인하고 큰 용기를 얻었다.

무브온 풀뿌리 운동의 이 같은 성공에 고무된 우리는 인터넷의 힘에 대해 새로운 믿음을 갖고 www.OutrageRadio.com 개설 준비에 박차를 가하기로 했다. 그 해 뉴욕의 한 사운드 스튜디오에서 프로그램 제작에 전념했다. 마침내 2003년 10월 오디오 트레일러를 사용하여 시범방송사이트를 개설했다. 우리 웹 사이트에 대한 반응은 즉각적으로 알 수 있었다. 신문에 보도되는 것은 물론 블로고스피어blogosphere[6])에서도 논평이 자자했고 우리의 성공을 기원하는 응원 메일도 전국에서 빗발쳤다. 다음달, 완성된 버전의 사이트를 개설, "Homeland Insecurity"를 첫 방송 프로그램으로 내 보냈다. 처음 두 달 동안 www.OutrageRadio.com은 무려 8만 회 이상의 접속수를 기록했다.

남의 손을 빌리지 않고 스스로 우리 방송을 알리고 청취자를 확보하는 과정에서 우리는 무브온의 성공이 우리를 이끌어 준 처방전이라고 생각했다. 이는 우리뿐만이 아니라 누구나 따라 할 수

---

6) 블로그들의 상호접속으로 이루어진 네트워크. 블로그들이 연관된 커뮤니티로 존재하거나 의견을 주고받는 사회적 네트워크이다.

있는 방식이다. 우선 명료한 메시지를 개발한다. 그 다음, 대중의 관심 속에서 성장할 수 있도록 홍보하고 관리한다. 동원할 수 있는 온갖 수단을 사용하여 메시지를 널리 알린다.—그것이 우리의 모토다.

MoveOn Tips

- 마이클과 제임스는 전문적인 사운드 스튜디오를 이용했지만, 집에서도 저비용으로 온라인 라디오 프로그램을 쉽게 시작할 수 있다. 그러나 처음부터 명확한 목표를 정해 놓을 필요가 있다. 이 일이 그저 취미생활인지 방송계 직업을 경력 목표로 삼을 것인지 결정해야 한다. 그래야 이 프로젝트에 얼마나 많은 시간과 비용을 투자할지 결정할 수 있다.

- 집에서 라디오 프로그램을 시작하기 위해서는, 마이크로폰과 사운드 리코딩 프로그램이 있는 성능 좋은 PC나 Mac이 필요하다.

- 비용이 좀 들더라도 전문적인 웹사이트를 디자인해야 한다. 초라한 디자인의 웹사이트는 네티즌이 그냥 지나치기 쉽다.

- 신뢰할 만한 인터넷서비스 제공자의 호스트를 선정해야 한다. 웹 사이트 디자인 경험자의 추천을 받는 것이 무난하다.

- 어떤 포맷으로 스트리밍할 것인지 결정하고, 자기 인터넷서비스제공자ISP가 그것을 지원하는지 확인해야 한다. 윈도우즈Windows, 리얼Real, 퀵타임Quicktime 등은 모두 기본적인 스트리밍 소프트웨어로서 간단한 인터페이스로 무료 다운로드를 할 수 있다. MP3에 녹음한 다음 적합한 소프트웨어에 파일을 옮기고 그 파일을 사이트에 업로드한다.

- 홍보, 홍보, 홍보! 친구에게 이야기하고, 손님도 초대하고, 블로그에도 홍보 문구를 쓴다. 웹사이트 이름과 URL을 사방에 알린다.

마이클 튜리판과 제임스 린킨은 OutrageRadio의 공동창립자이며, 강고한 진보주의자이다. 그들은 미디어 분야의 전문가이며 IT경제 붕괴의 희생자이기도 하다. 직장을 잃은 그때 보수적인 대담 라디오에 대항하여 싸우겠다는 결심으로 자기들의 노하우를 사용하여 OutrageRadio 방송을 시작했다.

정치인에게 이메일을 보내라
Email the President (and Other Politicians)

신시아 소스노스키, 51, 뉴저지 스톤 하버
Cynthia B. Sosnowski, 51, Stone Harbor, New Jersey

최근, 현 정부에 반대하는 사람들을 "비애국적", "비미국적" 혹은 "테러에 대한 관대" 등과 같이 주홍글씨를 찍는 경향이 있다. 나는 우리의 권리가 무력해지고 박탈당하고 있다는 절망감에 화가 치밀어 오르던 어느 날, 반대의견을 분명히 밝히는 단체에 합류하기로 했다. 그리고 대통령에 대한 반대의 목소리가 많고 그 성격도 다양하다는 것을 대통령에게 알리는 일을 하기로 결심했다.

우선 내 인터넷 시작 화면을 국내 및 국제 뉴스 리포트를 함께 제공하는 www.news.google.com으로 변경하여 세계뉴스 헤드라인을 매일 아침 훑어 볼 수 있도록 해 놓았다. 여러 헤드라인을 훑어 본 다음 정부 입장에 대한 질문이나 논리적으로 반대하는 기사라고 생각하는 것을 클릭하여 기사 전체를 읽는다.

글도 좋고 근거도 확실한 기사면 그것을 부시 대통령 이메일 president@whitehouse.gov로 보낸다. 같은 기사를 체니 부통령 이메일 vice.president@whitehouse.gov로도 보낸다.

아직 허점많은 이메일 응답 프로세스를 갖춘 백악관은 웹사이트 이용과 이메일을 통해 보내준 것에 대한 감사 회신을 자동으로 보내면서, 백악관 웹사이트에 가서 코멘트를 남겨 달라는 부탁을 한다. 나는 제공된 링크에 잽싸게 적당한 코멘트를 적어서 다시 보낸다. 이 모든 과정이 몇 분 안에 끝난다. 이렇게 해서 부시 대통령은 매일 나로부터 두 개의 메시지를 받는다. 아무도 이메일들을 주의 깊게 읽지 않을지도 모른다. 그러나 분명히 이메일들이 두 개의 반대의견으로 추가되어 반대의 목소리를 전달하게 될 것이다.

이것은 내가 모닝커피를 마시는 것처럼 습관이 되었다. 요즘 남편의 판에 박은 농담을 한다. "백악관 어떤 사람과 유별난 사이 아니냐!" 그렇지 않고서야 어떻게 백악관에서 보내오는 "자동 응답 Auto Responder"이라는 사람의 이메일을 매일 아침 받을 수 있겠느냐는 것이다.

신시아 소스노스키는 뉴저지의 리차드 스톡톤 대학Richard Stockton College 의 사회행태학과 과장실에서 일한다.

MoveOn Tips

- 백악관으로 편지를 보낸다.
  The White House
  1600 Pennsylvania Avenue, NW
  Washington, DC 20500

- 백악관으로 전화를 하거나 팩스를 보낸다.
  Comments: 202−456−1111
  Switchboard : 202−456−1414
  Fax : 202−456−2461
  TTY/TDD Comments: 202−456−6213
  Visitor's Office: 202−456−2121

- 백악관으로 이메일을 보낸다.
  president@whitehouse.gov
  vice.president@whitehouse.gov

- www.house.gov/writerep/에서 지역 의원에게 글을 남긴다. 자기가 거주하고 있는 주와 우편번호를 입력하기만 하면 된다. 이 서비스는 이메일 형식으로 지역 의원에게 직접 연결시켜 준다.

- www.house.gov 사이트에 지역 의원들과 위원회 리스트를 받을 수 있다.

- clerk.house.gov에서 해당 의원의 주소와 전화번호는 물론 다른 정보도 모두 찾아 낼 수 있다.

- www.senate.gov/general/Contact_information/senator_cfm.cfm.에서 해당 상원의원의 주소, 전화번호, 이메일 주소도 찾을 수 있다.

- 모든 연방기관과 링크를 제공하는 www.firstgov.gov/Contact.shtml를 즐겨찾기에 등록해 놓는다.

대표들을 직접 만나라
Meet with Your Representatives

나오미 워런, 22, 인디애나 그린우드

Naomi Warren, 22, Greenwood, Indiana

나는 동부에 있는 문과대학에서 공부했기 때문에 다문화적이고 진보적인 분위기에서 학교를 마쳤다. 졸업 후 인디애나로 돌아오니 동부보다 다양성과 관대함이 훨씬 부족한 사회분위기로 인한 문화적 충격 때문에 몹시 괴로웠다. 4년 동안 배운 것들과 단절되는 듯한 공허함을 메우기 위해 필사적으로 노력하고 있을 때, 우연히 무브온을 알게 되었다. 무브온 사이트를 보고 난 후 나도 목표 있는 인생을 꾸며 나갈 수 있다는 희망을 갖게 되었다. 정치에 관해 논쟁도 하고, 정치적 다양함 속에서 미국 시민으로써 지위가 얼마나 중요한가를 깨닫게 되는 온라인 공간을 찾아냈던 것이다.

나는 즉시 행동을 개시했다. 상·하원 의원들에게 환경과 보건 문제에 대한 나의 입장을 전달했다. 반전 입장을 군인들도 지지할 수 있다는 것을 설명하기 위해 언론 편집자들에게 편지도 썼다. 직장 동료나 낯선 사람들과도 서슴없이 정치에 관해 대화하기 시작했다. 우리가 취해온 행동이 변화를 가져왔는지 여부에 따라 나는 승리감에 환희를 느끼기도, 패배감에 젖어 우울해 하기도 했다. Working Assets이 무브온을 통해서 우리 지역 상원의원과의 면담에 참석해 달라고 연락왔을 때 나는 기꺼이 응락했고 그 뒤로 계속 활동에 참여하고 있다. 처음 면담에 참석하겠다고 했을 때는 별로 대수롭지 않게 그러겠다고 했었다. 그동안 무브온이 추진했던 모든 시민운동, 이벤트에는 의례껏 참여해 왔기 때문이다. 그런 우연한 만남이 민주주의에 대한 나의 안목을 이토록 명확하게 넓혀 주리라고는 전혀 예상치 못했다.

처음에 인디애나 공화당 상원의원 리차드 루거Richrad Lugar와 면담에 참석할 때만 해도 별로 대단한 일이라고 생각치 않았다. 상원의원을 만나기로 돼 있던 사람들과 이메일을 몇 주 전부터 주고받다가 며칠 전부터는 이메일 왕복이 더 빈번해지고 마침내 그 날이 다가왔다. 아침에 일어나니 무언가 불안했다. 못 가겠다고 연락할 생각을 하면서 직장으로 출근했다. 모임에 간다는 것이 어리석은 짓이라는 느낌도 들었다. 정치라고는 아무 것도 모르는 스물두 살짜리 여자인 내가 감히 그런 모임에 무슨 도움이 된다는 거냐? 죄의식까지 느낄 정도였다. 참석자 수가 제한되어 있다는 것을 알기 때문이었다. 참석 자격이 많이 부족하지 않나 하는 (선거권이 있는 사람이라면 누구나 동등하게 의견을 주장할 권리가 있다는 것도 잠시 잊고) 심한 자격지심이 생겼다. 이 모든 불안감을 무릅쓰고 루거의 사무실로 가면서, 나는 미리 조사해 놓았던 통계를 외우면서 정신을 집중하려고 애썼다.

루거 상원의원 사무실에 약속대로 도착하니 일정담당 자원봉사자 찰스Charls가 반갑게 맞아 주었다. 그는 이메일에서 느낀 것과 같이 매우 친절했다. 나머지 참석자들도 하나 둘씩 도착했다. 루거의 언론 비서와 부국장을 (공교롭게도 루거 상원의원은 외국여행 중이라 자리를 비웠다) 만나기 위해 기다리는 동안 나는 벌써 이들과 동지애가 싹 트는 것을 느꼈다. 민주주의의 이상을 행동으로 실천하는 다른 어느 미국인이나 마찬가지로 인디애나 촌놈이라 생각했던 이들도 내 가족, 친구구나 하는 느낌에 가슴이 뿌듯했다.

대단한 만남이었다. 우리는 한 시간 동안 돌아가면서 자기소개, 개인적 이야기, 여러 가지 공동 관심사에 대한 의견을 나누었다. 우리 중에는 민주당원이 있는가 하면 공화당원도 있었으며, 남자도 여자도, 미혼과 기혼, 나이든 사람뿐 아니라 젊은이도 있었고, 반전운동가도 있었지만 참전군인도 있었다. 그럼에도 불구하고 우리 13명은 한 가지 비전과 한 가지의 분명한 기대를 공유했다. 사무실 직원들이 루거의원에게 우리의 뜻을 틀림없이 전해 주어야 한다는 것 즉 유권자인 우리들은 미국이 이라크에 선제공격을 가하는 것이 걱정스럽다는 것과 우리에게 중요한 이 문제에 대해 루거 의원이 성실한 행동을 취할 것을 기대하고 있다는 것이었다.

만남을 마치고 돌아오는 길에 나는 몇 달 만에 아니 몇 년 만이라고 할 정도로 오랜만에 자신만만해지는 것을 느꼈다. 어쩌면 이는 지극히 단순한 일이다.—결국 우리 주 의원 중 한 명을 만난 것에 불과하니까. 그럼에도 불구하고 시민과 의원의 이런 접촉은 엄청나게 강력한 영향을 가져올 수 있다. 사실은 그런 접촉이야말로 위대한 변화를 만드는 실제적인 힘이다.

MoveOn Tips

- 자기의 신념을 반영하는 온라인 청원에 서명하자. 그러는 중에 공동체의식과 연대감을 키우는 기회를 얻게 된다. 민주주의 과정에서 좀 더 적극적인 역할을 수행하는 시민으로 성장할 수 있다.

- 타인과의 관계를 유지하고 지식을 얻을 수 있는 온라인 커뮤니티를 찾아 회원이 되어야 한다.

나오미 워런은 인디애나폴리스의 비영리 조직에서 일한다. 그리고 그 곳 남쪽에 있는 작은 도시에 산다.

서론 / 앨 고어

무슨 일이 있어도 투표하라

침묵하는 유권자를 깨워라

무관심한 유권자를 찾아가라

이슈를 중심으로 유권자를 조직하라

직장에서 투표를 독려하라

투표를 끝까지 호소하라

개인적 호소로 설득하라

선거기간 내내 전화기를 들어라

II.

한 표가 중요하다

Every Vote Counts

서론
Introduction

엘 고어, 전 부통령

Al Gore, Former Vice President

우디 앨런Woody Allen이 "성공의 90%는 드러내는 것이다"라고 했다. 이 말은 민주주의에 있어서도 사실이다. 나는 나머지 10%는 여러분이 사전에 유권자 등록을 함으로서 확실하게 할 수 있다고 생각한다.[7]

사람들은 정치에 관해 냉소적이거나 그까짓 한 표쯤 대수롭지 않다고 생각하기 쉽다. 그렇지만 다음과 같은 사실을 생각해 보자. 1960년 존 F. 케네디John. F. Kennedy는 리차드 닉슨Richard Nixon에게 전국적으로 단지 10만 표 차이로 승리했다. 이 승리로 민권법은 전면적인 변화를 이룩하였고, 우주 탐사의 최초 물결이 일었고, 노인의료보험제도가 확립되었다. 공화당이 상·하양원 선거에 승리한 1994년, 만일 전국적으로 약 1만 표만 더 민주당을 지지했다면 민주당이 의회를 지배했을 것이다. 과거 의회 동료인 코네

---

7) 미국 선거제도는 사전에 유권자등록을 한 사람에 대해서만 투표권을 준다. 따라서 지지 유권자들의 등록 여부는 투표참여만큼 중요하다.

티켓 주 민주당원 샘 게즈덴슨Sam Gejdenson은 단지 21표차로 재선에 성공했다. "당신에게 필요한 것은 한표다. 그 이상의 표는 우리 자존심을 위한 것이다."고 그는 말했다.

민주적 정치과정이 완벽한 것은 아니다. 윈스턴 처칠Winston Churchill은 민주주의를 일컬어 최악의 통치시스템이라고 말한 적이 있다. 하지만 "여태껏 시도되어졌던 그 밖의 모든 시스템을 제외할 경우에" 그렇다는 얘기다. 자신의 관점을 완벽하게 반영하는 후보자를 찾지 못하는 경우가 많다. 그러나 투표 참여자가 감소함으로써—1960년에 유권자의 약 2/3가 투표에 참여한 것에 비해 근년에는 투표자수가 50%에도 미치지 못할 만큼 감소했다. 그 빈 공간을 비민주적인 극단파가 채우고 있다.

민주주의에서 미래는 저절로 일어나는 어떤 상황이 아니다. 그것은 우리 스스로 함께 만들어가는 것이다. 우리가 투표장을 등지고 집에 머물 때—어떤 소프트머니soft money[8]보다 강력한, 수백만 달러짜리 광고캠페인보다 또는 사실을 왜곡하는 기업의 선전광고보다 더 결정적인—선거의 권한을 포기할 때 바로 특수 이익단체의 로비스트들은 그들이 매수한 정부를 얻게 되는 것이다.

역설적이게도 고매한 이상을 추구하는 시민일수록 선거과정에 참여하기 꺼려한다는 사실이다. 불완전한 세계를 개선하기 위한 노력이 바로 선거임에도 불구하고 말이다. 나는 마하트마 간디Mahatma Gandhi의 다음과 같은 말을 믿는다. "우리가 그런 세상이 왔

---

8) 법적으로 허용되는 미국의 정치헌금에는 하드머니hard money와 소프트머니soft money가 있다. 하드머니는 개인이 정치인 개인에게 주는 돈으로 1인당 한도가 정해져 있다. 이는 법률에 따라 변한다. 반면 소프트머니는 기업이나 단체가 정치인 개인이 아니라 지지하는 정당에 제공하는 후원금이다. 따라서 이에 대한 정경유착 논란은 아직도 계속되고 있다.

으면 하는 바로 그 변화처럼 우리가 스스로 변화해야 한다." 그리고 그런 변화가 단 한 번의 선거만으로 이루어질 수는 없다. 인종차별 폐지, 시민권, 노인의료보험과 국민의료보조, 국가사회봉사단 national service corps 그리고 경제기회 프로그램과 같은 드라마틱한 사회변화를 가져오는 많은 아이디어는 오랜 기간을 두고 천천히 지지를 높여 가면서 성취한 사회공약이다. 이런 변화는 최초에 투표소에서 패배했지만 최종적으로 승리를 거두고 국가를 변신시켜 왔다.

무브온은 몇 달도 안 되는 기간에 이 나라 풀뿌리 운동의 힘과 규모를 보여주기 시작했다. 바로 얼마나 많은 사람들이 우리의 정치 시스템에 크고 작은 방법으로 그들의 영향력을 행사하고 싶어 했는지 보여주었다. 이 책은 그렇게 하기 위한 수많은 기회에 대한 설득력 있는 사례를 제공한다.

선거는 미국인으로써 그리고 자치에 대한 신봉자로서 우리가 단결하는 방법이다. 이보다 더 위대한 혹은 더 심오한 시민권은 없다. 표 차이가 거의 없는, 논란 많은 선거에서 패배한 주인공인 내가 하고 싶은 말은 "과정이 중요하다"는 얘기다. 승리할 때도 있고 패배할 때도 있다. 그리고 잘 알려지지 않은 세 번째 유형도 있다. 그럼에도 불구하고 우리 모두가 열의, 열정, 진심으로 참여할 때 민주주의가 비로소 승리한다는 것이다. 지금이야말로 절호의 기회다. 여러분이 바로 그런 승리의 열쇠다.

엘 고어는 미국 45대 부통령이며, 환경 정책, 기술, 과학, 커뮤니케이션 그리고 지역사회 권한증진운동 등 광범위한 분야에서 새로운 사업을 개척하고 있는 선구자다. 지구 온난화 방지, 지구 오존층 보호 그리고 유독성 폐기물 정화 등에 대한 노력은 그의 저서 *Earth in the Balance: Ecology and the Human Spirit*에 소개되었다.

무슨 일이 있어도 투표하라
Vote, No Matter What

머레이 허쉬, 79, 플로리다 펨브로크 파인스
Murray Hirsh, 79, Pembroke Pines, Florida

1996년 나는 플로리다 주 펨브로크 파인스의 클린턴-고어 재선 캠페인 본부에서 일하고 있었다. 선거 2주 전 토요일 아침, 나는 8시 15분경 사무실을 열었다. 자원봉사자들은 9시에 도착할 예정이었다.

그때 바로 전화가 울렸다. 상대는 가정방문 호스피스 간호사라고 자신을 소개했다. 그녀는 불과 며칠 후면 인생의 마지막 날이 예정되어 있는 한 남자의 집에서 간호를 하고 있었는데, 그가 부재자 투표용지를 받았다는 것이다. 그는 투표하고 싶은 후보에 대해선 잘 알고 있지만, 함께 투표에 붙여진 몇몇 주민투표 법안의 복잡한 내용이 궁금하니 설명해 달라는 부탁이었다.

그는 대통령 선거에서 누가 승리했는지 혹은 무슨 법안이 통과되었는지 알 수 있을 만큼 오래 살지는 못 했을 것이다. 그러나 그는 임종을 앞에 두고, 살아남은 시민들의 더 좋은 삶을 생각하며 현명한 투표를 하려고 애썼다.

이 남자를 나는 만난 적도 없고, 이름도 모르고, 언제 세상을 떠났는지도 모른다. 그러나 그는 내게 절대 잊지 못할 교훈을 가르쳐 주었다. '한 사람의 투표가 얼마나 중요한가' 라는 사실이다.

MoveOn Tips

- www.workingforchange.com/vote/에서 유권자등록을 하라.
- www.fec.gov/votregis/vr.htm에 접속, 유권자등록 양식 사본을 출력한다. 거의 모든 주에서 이 양식을 쓴다.
- 카운티 사무소나 선거위원회를 통해 부재자 투표용지를 요청할 수 있다.

머레이 허쉬는 일주일에 25시간 배달원 일을 하는 한편 시청에서 상하수도, 쓰레기 처리 요금 징수 업무를 맡고 있다.

침묵하는 유권자를 깨워라
Mobilize Underrepresented Voters

릴리 코니, 43, 메릴랜드 버톤스빌

Lillie Coney, 43, Burtonsville, Maryland

텍사스 버몬트에서 1978년은 다른 어느 곳과도 다름 없는 선거의 해였다. 단지 사람들의 눈에 뜨이지 않는 특이한 일 한 가지가 있기는 했다. 시내 한복판에 자리 잡은 조그마한 사무실에 아프리카계 시민운동가 세 사람이 일을 시작했다는 것이었다. 버몬트에는 아프리카계 주민관련 사업이 거의 없었다. 더군다나 도심에는 그런 사업이 더욱 드물었다. 현지 민주당 지지 세력의 기금을 토대로 "투표독려 프로젝트Get Out the Vote (GOTV) Project"를 실천하기 위해 사무실을 연 곳이 바로 이곳이다. 이것은 정치적 의사를 충분히 행사하지 못하고, 정치의식도 별로 깨어 있지 않은 아프리카계 주민을 집중적으로 투표에 참여시키는 사업이었다.

이 GOTV운동을 이끌었던 사람은 대니스 그라함Dennis Graham으로 정치운동을 전문적으로 하는 인물로서 나로서는 처음 만난 아프리카계 정치운동가였다. 그의 리더십 아래서 우리는 소수민족 유권자들의 유권자등록을 받았다. 우리의 희망은 권력을 쥔 정치인들이, 새로 등장한 유권자들의 존재를 주목해 주었으면 하는 것과 그리고 새롭게 등록된 대중 가운데 정치활동가들을 배출시키는 것이었다.

우리는 교회, 공원, 공공장소, 쇼핑센터 등을 방문하면서 사람들에게 유권자등록을 권했다. 우리는 또 특별 서비스를 제공하는 지역, 주 그리고 연방기관 사무실을 방문했다. 등록에 가장 성공을 얻은 장소는 여성, 유아 및 아동영양 프로그램 산하에서 운영되는 각급 저소득 여성보조센터, 카운티와 시립공공보건소, 실업상담소, 노인서비스센터, 수도 및 기타 공공요금 수납소 등이었다. 나는 리스트에 빙고 나이트bingo night9)까지 추가했다. 이런 방법을 통해 가구당 한 두 사람에서 많게는 여섯 명까지 등록자수를 극적으로 증가시켰다. 온 가족이 함께 투표장으로 가는 모습이 보였고 이런 모습을 보고 동네 사람들도 자극을 받아 투표하러 가는 경우도 있었다.

텍사스 시Texas City 제퍼슨 카운티Jefferson County에 거주하는 아프리카계 주민의 투표 참여는 평균 26~47%였는데, 우리의 활동 덕택에 그해 예비선거 기간 동안에 그 지역 투표율이 50%가 넘을 만큼 극적으로 증가했고, 11월 선거에는 거의 80%를 육박했다.

선거결과에 대한 지역 예측은 과거 낮은 흑인 유권자 투표율에 기반을 두고 있었기 때문에 정확하지 않았다. 예상치 못했던 흑인 유권자의 폭발적 참여는 대단한 승리를 가져왔고 따라서 정치적 영향력의 역학구도가 급격히 변화되었다. 한때 무시 받던 흑인 유권자가 생동하는 정치적 힘의 상징이 되어 지역, 주 그리고 연방 예비선거와 본선결과를 좌우할 정도로 큰 영향력을 행사하게 되

---

9) 빙고게임장으로 주로 저녁시간대에 개장하며 노년층이 많이 모인다.

었다.

이 같은 고무적인 성공에도 불구하고(혹은 아마도 그렇게 크게 성공했기 때문에), GOTV 프로젝트의 재정지원은 고갈되었다. 그렇지만, 1978년의 사건은 그 후 10년간 지역 정치에 세력균형의 변화라는 의미심장한 결과를 가져 왔다. 시 역사상 처음으로 교육위원회에 소수민족 멤버가 참여하게 되었다. 시의회 역시 상당한 수의 소수민족 대표가 참여하게 되었다. 제퍼슨 카운티 커미셔너 법원Jefferson County Commissioners Court에서도 첫 흑인 커미셔너가 선출되었다. 같은 시기에 나도 처음이자 유일하게 선거에 출마하였고, 제퍼슨 카운티 18선거구의 경찰서장으로 선출되었다.

우리 모두가 소중히 지키고 있는 '한 사람 당 한 표'라는 법칙의 효험을 몸소 체험했기 때문에, 나는 실망스러운 미국의 현 정치 상태에 오히려 기운이 솟아오르는 느낌이다. 한 사람이 세상을 바꾸지 못한다는 생각이 잘못되었다는 사실은 평범한 시민들의 크고 작은 행동으로 매일 매일 증명되고 있다. 우리들, 국민이 바로 통치자다. 선거 시기는 우리 마음대로 파면도 하고 고용도 할 수 있는 의원들에게 이 사실을 확실히 상기시켜 주는 시간인 것이다. 나는 미국인인 것이 한없이 좋다. 내게 미국인이라는 것은 내 신념과 원칙을 바탕으로 독자적으로 생각하고 행동하는 것을 의미하는 것이다.

MoveOn Tips

● 주 또는 카운티 선거관리위원회와 접촉하여 유권자등록 규칙에 대해 알아보자. 다음과 같은 질문을 잊지 말아야 한다: 등록된 유권자가 거주지나 다른 주에 사는 사람을 대리 등록 할 수 있는가? 가족들 간에 대리 등록이 가능한가?

● 유권자등록 활동계획서를 간단히 작성해서 등록 활동에 자금을 지원한 경험이 있는 단체에 제출한다. 언제까지 몇 명의 유권자를 어느 지역에서 등록시킬 계획인지 명확히 밝힌다.

● 유권자등록 운동을 도울 수 있는 가족과 친구들을 모은다. 여성클럽, 남학생클럽, 교회, 지역단체, 전문가그룹 등에 도움을 요청하라.

● 일을 마치면 유권자 등록카드를 사무실로 가져가거나 새롭게 등록한 유권자 리스트를 작성해라. 리스트에는 이름, 주소, 전화번호와 함께 가능하면 이메일 주소를 기재하라. 새 등록자 수에 따라 보상금을 주는 캠페인도 있는데 특히 이런 경우 자기가 등록할 사람들이 이미 등록한 사람들이 아닌가 확인하는 것이 좋다. 유권자 등록명단이 공개문서인 경우가 많으므로 기록을 점검하는 일이 힘들지 않다. 보통 점검은 무료지만 명단을 복사해서 문서로 받을 때는 수수료가 약간 드는 경우가 있다.

릴리 코니는 두 명의 흑인 여성의원들의 사무직원으로 일한 경력이 있고, 현재 컴퓨터협회ACM, Associatio for Computing Machinery의 공공정책 코디네이터로 일하고 있다. 미국 민주주의를 굳게 신봉하며 그 민주주의를 후손을 위해 지속적으로 발전시켜 나가야 된다는 신념으로 살고 있다.

무관심한 유권자를 찾아가라
Register Voters in Unlikely Places

사스키아 트라일, 30, 캘리포니아 샌프란시스코

Saskia Traill, 30, San Francisco, California

나는 1999년 샌프란시스코에서 처음으로 지역 정치에 참여했다. 시장 선거가 있기 3주 반 전, 진보주의 이상을 어떤 후보에게서도 찾지 못했던 몇몇 사람들이 후보자 기명운동write-in campaign[10]을 조직하기로 결심했다.

"톰 아미아노Tom Ammiano를 시장으로"[11]라는 슬로건이 적힌 필기구, 배지, 간판 그리고 문걸이와 같은 여러 가지 캠페인 도구를 고작 25,000달러에 구입하여, 사람들에게 후보자를 기명하는 방법을 가르쳤다. 이렇게 해서 유급직원을 대대적으로 고용하고 수백만 달러의 선거비용을 쓰는 후보자를 제치고, 아미아노는 결선투표까지 진출했다.

정치에 관심이 없던 사람들이 점점 흥미를 갖기 시작했고, 샌프

---

10) 투표용지에 지지하는 후보자의 이름을 직접 기입하는 방식의 선거운동을 지칭한다.
11) 미국 정치인으로 LGBT 권리 운동가이다. 샌프란시스코 지역 민주당원이며 캘리포니아 주의회 의원이다.

란시스코로 막 이사 온 젊은 사람들이 캠페인을 돕기 위해 선거사무실에 나타나기 시작했다. 선거에 관심을 잃었던 사람들이 다시 자신의 의견이 중요하다고 생각하기 시작한 것이다.

내 친구들은 새로운 정치 움직임에 감동한 나머지 유권자등록 활동을 조직하기 시작했다. 우리 도시로 이사온 많은 입주자, 젊은 사람들 그리고 정치에 환멸을 느끼는 사람들은 유권자등록을 아예 하지 않는다. 이것은 어디를 가나 다 마찬가지지만 이들을 등록자로 바꾸어 진보진영에 포섭하는 것이 승리의 발판이다. 슈퍼마켓, 가두전시회와 같은 일상적인 캠페인 거점에 가는 대신 우리는 이런 사람들이 많이 있음직한 곳을 택했다. 바로 술집bar에 찾아가기로 한 것이다.

밤 9시 무렵에 출발하여 6명을 3팀으로 나누어, "유권자등록을 여기서"라고 쓰인 광고판을 가슴에 달고 등록용지를 들고 다녔다. 테이블마다 돌면서 우리 캠페인에 대하여 설명했다. 처음 보는 사람뿐만 아니라 우연히 만난 옛 친구들도 있었다. 왜 이 투표가 중요한지, 내가 왜 이 후보를 지지하는지 또 이 결선투표가 어떤 의미를 갖는 선거인지에 대해 이야기를 나누었다. 선거와 투표방법에 관한 여러 가지 정보를 어떻게 얻을 수 있는지도 설명했다.

매일 밤늦게 캠페인 활동이 끝나면 우리는 마지막으로 방문한 바에서 맥주를 마시며 그날 밤 여러 곳에서 유권자들과 나눈 인상 깊은 대화나 재미있는 에피소드를 이야기했다. 나는 무정부주의 자당이 있다면 입당하겠다고 하는 사람을 등록시켰다. 다른 친구는 여태껏 한 번도 투표해 본 적이 없는 68살의 남자를 등록시켰다. 또 한 사람은 어떤 여자에게 유권자등록을 권하면서 고등학교 때 배운 스페인어를 동원하다 보니 '바의 문지기 등록'을 했냐고 물었다고 했다.

애석하게도 우리 후보는 결선에서 실패했다. 그러나 다음해 카운티슈퍼바이저위원회Board of Supervisors[12]선거에서는 진보파가 압도적 승리를 했다. 이것은 어느 면으로 보나 1999년 캠페인의 열정에서 비롯된 것이었다. 나는 슈퍼바이저 선거캠페인에 참가했는데 같이 일하던 동료를 다시 만났다. 그리고 몇 년 후 그와 결혼했다.

유권자를 등록시키는 과정을 통해 친구와 낯선 이들에게 내가 정치에 관심 있는 이유와 그들 역시 그렇게 되기를 희망하는 이유에 대해 이야기 하는 법을 배웠다. 이 과정은 흥미로움의 연속이었다. 바로 이런 것이 풀뿌리 정치의 진면목이고, 풀뿌리 정치야말로 제대로 작동하는 정치의 핵심 방법이다.

---

12) 애리조나, 캘리포니아, 아이오와, 미시시피, 버지니아 그리고 위스콘신에서 카운티를 조율하는 위원회로서 다른 주에서는 카운티 의회 혹은 카운티 위원회로 불린다.

MoveOn Tips

- 유권자등록 양식은 두 가지 언어로 되어있다. 당신이 활약하는 지역에 가장 적절한 언어를 선택해야 한다.

- 필기도구를 가지고 다니며 어두워질 것 같으면 작은 손전등도 휴대해야 한다.

- '여기서 유권자등록 합니다'라는 광고판이나 배지를 가슴에 다는 것이 좋다. 보는 사람들에게 확실히 무슨 일을 하고 있는지 알릴 수 있고 시끄러운 장소에서는 목청을 아낄 수 있는 이점이 있다.

- 등록양식을 잘 익혀 놓고 사람들의 관심을 모으는 안건에 대해 잘 알아 두는 것이 좋다. 그러나 모든 문제를 다 알지 못 한다고 해서 걱정할 필요는 없다. 더 많은 정보를 알고 싶은 사람들에게는 관련 웹사이트 주소를 알려 주면 된다.

- 당신이 관심을 가지고 있는 이슈나 후보자를 왜 지지하는지 설명하라.

- 일하며 즐길 것. 누가 당신의 의견에 이의를 제기하면 고맙다는 말로 대화를 끝내고 자리를 비킨다. 그리고 다른 자원봉사자들과 다시 만나 이야기를 하면서 웃고 넘긴다. 사람들에게 늘 즐거워하는 모습을 보여줘라. 그러면 그들 역시 자원봉사를 자청할 것이다.

사스키아 트라일은 공공정책과 법 분야의 비영리기관에서 연구조사 및 집필에 종사하고 있다.

이슈를 중심으로 유권자를 조직하라
Organize an Issue - Specific Voter Registration Drive

테릴 리구에리, 20, 콜로라도 덴버

Terrill Legueri, 20, Denver, Colorado

나는 두 가지 이슈에 열정과 관심이 꽂혀 있다. 지방 및 연방 차원의 시민 정치참여와 환경문제가 그것이다. 과거에는 선거기간이 되면 "시민의 의무"를 다 해야 하고 "환경을 오염시키는 기업으로부터 지구를 보호해야 한다"고 부르짖는 내 절규를 아무도 들어 주지 않는 것 같았다. 사람들이 이런 문제에 관심을 갖고 참여하기를 바랐지만 소리지르는 것만 가지고는 아무 효과도 없다는 것을 깨달았다.

대학생활의 두 번째 가을학기에 친구 클레어Claire가 선거 때 환경문제에 초점을 맞추어 유권자등록 운동을 해보자고 했다. 여름 동안 그녀는 환경 관련 이슈 캠페인 조직에서 일한 경험이 있는데, 그 경험을 토대로 캠퍼스에서 활동을 해 보자는 것이었다. 두 말 나위없이 나도 관심이 끌렸다.

그녀는 논쟁을 벌이는 대신에 정보를 제공하는 데 시간을 많이 쓰는 것이 어떠냐고 제안했고, 나도 분노에 찬 발언보다는 이성적 사고나 사실, 논리에 기초를 둔 설명 쪽이 더 설득력이 있다는데 동의했다.

나는 용기백배된 기분이었다. 나는 출마한 모든 후보들의 경력을 조사하는데 2주를 보냈다. 환경문제에 대해 진보적이라고 내 나름의 판단으로 고른 후보들에게만 초점을 맞추지 않고 초당파적인 접근방법을 쓰기로 했다. 후보들의 이름, 소속, 당을 한눈에 볼 수 있는 표를 만들고 여태까지 의회에서의 투표기록을 토대로 주요 환경문제에 관한 입장을 표의 해당란에 명시했다. 캠퍼스의 여러 화장실 벽에 이 표를 붙여 놓았다. 표를 보면 대부분의 학생들이 지역의원, 주의원 그리고 연방의원의 입장을 충분히 알 수 있도록 되어 있었다.

우리는 또한 학생들이 잘 모이는 장소에 테이블을 놓고, 유권자 등록 양식을 나눠 주며 환경을 위해 투표할 것을 권유했다. 이 방식은 꽤 효과가 있었다. 많은 학생들이 투표할 마음이 있었는데 구체적인 정보를 제공받았으니 어떤 후보에게 찍을 것인지 결정하기도 쉬워진 셈이었다. 또 어떤 학생은 "너희는 어느 후보를 위해 일하고 있느냐?"고 묻기도 했다. 일부 의심하기로 했지만, 많은 학생들은 우리가 의회나 정당의 고용인이 아니라는 것이 기특한 모양이었다. 몇몇 사람들은 무엇 때문에 이런 일을 하느냐고 물었다. 사실은 단지 환경문제에 깊은 관심이 있었기 때문인데 말이다.

일이 끝날 때쯤 투표해 본 적이 한 번도 없다는 사람을 꽤 많이 등록시켰다. 그 선거에서 우리 캠퍼스 투표율이 20% 가까이 상승했는데 우리들의 등록 캠페인이 일조를 했음에 틀림없다. 내가 군이 목 아프게 떠들지 않았어도 결국 그해 가을 나의 두 관심사는 흡족할 정도의 주목을 받게 되었다.

MoveOn Tips

- 카운티사무소 또는 여성유권자연맹으로부터 유권자등록 양식을 얻어라.

- 이슈를 택할 때 광범위한 관심사이면서도 미디어 보도는 별로 못 받는 이슈에 초점을 맞춰야 한다.

- www.fec.gov/votregis/vr.htm에 접속하면 연방 유권자등록 양식을 출력할 수 있다. 거의 모든 주에서 이 양식을 쓴다.

- www.vote—smart.org 또는 www.opensecrets.org와 같은 사이트에서 후보자의 투표 기록을 조사해라. 찾은 정보는 읽기 쉽게 다시 정리해라.

- 알기 쉽게 정리된 정보를 포스터로 만들어 공공 화장실, 지역 커피숍 혹은 여타 커뮤니티 회합 장소에 붙여라. 내용이 비당파적이라면, 대부분 붙이는 것을 허용할 것이다.

테릴 리구에리는 콜로라도에서 태어나 거기서 자랐다. 아이오와에 있는 그리넬 대학Grinnell College에 다닌다.

직장에서 투표를 독려하라
Get Your Office to Vote

켈리 홈즈, 25, 텍사스 오스틴
Kelly Holmes, 25, Austin, Texas

1999년 가을, 나는 텍사스 대학에 다니면서 회사에서 일하고 있었다. 난생 처음으로 대통령 후보가 너무 좋아서 민주당대학생회의University Democratic Chapter에 참여하게 되었다. 유권자등록the Voter Registrar 사무소 직원이 우리 회원 전원을 보조등록관으로 임명했다.

텍사스에서는 유권자등록 일을 하려면 보조등록관 임명을 받아야 하는데 나는 유권자들에게 투표등록을 권유하고, 다른 사람들에게도 투표하라고 권장하는 중요한 일을 하게 되었다. 그러다가 직장에서 유권자등록을 권유하면 어떨까 하는 생각이 들었다. 텍사스 오스틴의 우리 회사는 직원이 1,000여명이나 되지만 유권자등록 마감 30일 전이라는 사실을 알려주는 이도 없었고, 다가오는 선거에 투표를 권하는 움직임도 전혀 없었다. 지금이야말로 유권자 보조등록관의 힘을 드러내야 할 때였고 나는 이런 무관심한 상황을 개선해야 한다고 생각했다.

인사부에 아는 직원 한사람을 만나 내 아이디어를 말했다. 회사안에 등록카드 수집함을 설치하고, 며칠에 한 번씩 카드를 수거해서 시내 유권자등록 사무소에 가져다준다는 아이디어였다. 직원들에게 수집함과 유권자등록 마감에 대해 설명하는 이메일을 보내고 조기투표early voting 시기와 투표일이 가까워 왔음을 알리는 이메일도 보낸다는 내용이었다. 그는 이 일에 기꺼이 참여했을 뿐 아니라 나만큼이나 이 일에 열성적으로 함께 했다. 내가 했던 것은 단지 말문을 열어 제안한 것, 그 뿐이었다.

4년 후 우리 회사는 오스틴에서 세 번째로 큰 건물을 소유한 기업으로 성장했고, 나는 선거 때가 되면 여전히 유권자등록 운동을 벌이며 선거가 임박했음을 알리고 있다. 내가 하는 일이 무슨 대단한 의미가 있을까? 의구심이 들 때마다, 내가 이일을 했기 때문에 투표자 등록을 한 수많은 직원들 그리고 내 독촉을 받고 투표장에 간 수 많은 동료들을 생각하며 마음을 다 잡는다.

MoveOn Tips

- 당신이 살고 있는 주의 유권자등록 관련법률에 대해 알아보아야 한다. 보조등록관 임명을 하는 주도 있지만 안 되는 주도 있다.
- 총무과 담당자나 인사과의 조력을 구하라. 투표장에 다녀오기 위해 잠깐 자리를 뜨는 특전을 직원들에게 베푸는 것은 매우 훌륭한 사회적인 책임을 다하는 정책이다.
- 직원들에게 등록 마감일과 조기투표 기간, 선거일자 등을 이메일로 알려라. 시간이 나면 등록카드를 들고 사무실마다

또는 책상마다 방문하라. 등록하지 않았다면 그들이 카드를 다 써서 돌려 줄 때까지 기다리고 당신의 주에서 금지되어 있지 않으면 등록용지를 현지 등록사무실에 전달하는 심부름도 하라.

- 어느 누구의 감정도 상하지 않게 하기 위해서 투표에 관한 관련된 모든 커뮤니케이션이 철저히 비당파적이어야 한다.

- 유권자들이 선거에 대해 좀 더 알 수 있는 비당파적 자료출처를 알려 주어라. www.vote—smart.com도 좋은 사이트다. 여성유권자연맹League of Women Voters, www.lwv.org에서도 지역 지부들이 있어 정보제공을 잘하고 있다.

- 엘리베이터, 화장실, 휴게실 등에 전단지를 부착하라. 당신의 지역 투표등록관 사무실에서 등록용지 등을 공급받아라.

- 선거 당일 점심회식을 마련해라. 투표를 하고 나서 점심식사도 같이 하자는 이메일 초대장을 보내라. 초대에 응하는지 여부를 확인하는 답신에 따라 식당 예약도 정확히 할 수 있을 뿐만 아니라, 일단 약속한 자리기 때문에 초대 받은 사람들이 빠지지 않을 가능성이 더 커진다.

- 투표 다음날 "투표했어요I Voted" 스티커를 가져온 사람들에게 도넛이나 머핀 등을 제공해라. 그 상이 아무리 보잘것없는 물건이라도 효과가 있다.

켈리 홈즈는 에릭과 함께 살고 있으며 강아지Molly Brown와 고양이Shadow를 키우고 있는 테크니컬 라이터Technical Writer이다.

투표를 끝까지 호소하라
Maximize the Vote on Election Day

스킵 로빈슨, 64, 캘리포니아 산타 로사
Skip Robinson, 64, Santa Rosa, California

존 F. 케네디가 대통령에 당선되고 2년 후인 1962년 11월에 나는 처음으로 선거구 조직사업을 알게 되었다. 나는 그때 일리노이 대학교를 갓 졸업하고 케네디가 지향하는 이상실현에 어떻게 도울지를 진지하게 고민하고 있었다. 선거 때 지역 유권자를 동원하는 일에 전념하는 것이 내게는 시의적절한 방법 같았다.

선거구 조직사업에 대해 아는 게 없어서 사실 좀 걱정도 됐지만 참여하는 길을 찾았다고 생각하니 몹시 떨리고 정치과정에 대해 더 많이 배울 수 있다는 기대도 갖게 되었다.

중부 일리노이 민주당에는 조직적으로 선거구를 동원하는 오랜 전통이 있었다. 훈련을 받은 자원봉사자들을 활용해서 유권자들을 빠짐없이 투표 당일에 투표장으로 유도하는 것이다. 내가 거주하는 선거구에서는 일손이 필요했고 나는 일을 맡아 하겠다고 자원했다. 그리고 곧바로 우리 선거구에는 약 250명의 유권자가 있고 모두 인근 주민들이고 투표소도 동네에 위치해 있다는 것을 알아냈다.

내가 맨 처음 맡은 일은 카운티 유권자등록 사무소에서 선거인 명부precinct list를 가져오는 일이었다. 명부는 선거구의 거리와 주소를 기준으로 편성되어 있고 유권자의 이름 다음에 소속정당이 적혀 있었다(민주당, 공화당, 무소속 또는 기권자 등). 많은 사람들이 등록할 때 전화번호를 기록했고, 선거인명부에 게시해도 좋다고 했다.

나는 이웃들에게 전화와 방문을 통해 인사를 하기 시작했다. 나는 사람들에게 전화를 걸고, 정치표지판을 만들고, 집 앞마당에 표지판을 세우고, 집집마다 보낼 유인물 꾸러미를 만들고, 선거당일 사람들을 투표장까지 차로 데려다 주고, 선거감시원 역할을 하는 등의 활동을 할 사람들을 찾고 있었다. 너무나 기뻤던 것은 사람들이 내 전화나 방문에 기꺼이 응해 주었다는 것이다. 여러 사람이 돕겠다고 나섰고 몇 사람은 전화 거는 업무를 나눠 하겠다고 자원했다. 일부 사람들은 자기 블럭의 호별 방문을 맡겠다고 나섰다. 얼마 지나지 않아 유권자에게 전화를 할 사람, 각 블럭의 집들을 빠짐없이 방문할 사람 등 충분한 자원봉사자들을 확보하였다.

선거일이 가까워지면서 자원봉사자들이 일에 더 몰두하게 되었고, 지원자 수도 늘었다. 선거구 조직사업팀 전원이 투표자 동원 최대화를 위한 만반의 준비를 끝낸 상태에서 마침내 선거일이 밝았다. 많은 자원봉사자들은 이전에 만난 적이 없는 사이였는데도 불구하고 같이 일하는 동안 깊은 우정을 맺을 수 있었다. 현재 내 절친한 친구 가운데 몇 명은 당시 캠페인에서 처음 알게 된 이들이다. 금상첨화인 것은 이 친구들이 이웃에 살고 있다는 것이다.

배리 골드워터Barry Goldwater가 다음 대선에 나오자 우리 팀은 "NO!"라는 투표결과를 도출하기 위한 준비가 되어 있었다. 우리 목표는 100% 출동이었는데 즐겁게도 실제 성과도 거의 100% 였다.

조만간 카운티 선거사무소에 전화해서 지금 내가 사는 지역의 선거인명부를 받을 작정이다. 지금이야말로 그 어떤 때보다도 일할 사람이 필요할 때가 아닌가.

MoveOn Tips

- 전국이 250~500명의 유권자가 살고 있는 지리적인 선거구로 나눠져 있다. 각 선거구의 선거인명부—등록된 유권자의 이름, 주소, 소속정당 그리고 대개의 경우 전화번호가 수록된—를 받으려면 선거관리위원회에 전화 한 통만 하면 된다.

- 선거구 전용 웹사이트를 만들어라. 핵심정보를 게재할 수 있고, 여러 사람이 원활하게 함께 일할 수 있고, 봉사자들 간 커뮤니케이션을 잘 할 수 있다.

- 새로 실시된 "전화거부Don't call"리스트 제도에도 불구하고 전화를 통한 선거캠페인은 아직 허용되고 있다. 당신 지역 선거구 사람들에게 전화해서 선거당일 투표하겠다는 약속을 얻어 내라.

- 사람마다 좋아하는 일이 있다. 자원봉사자들에게 각자 자기가 편한 방법으로 활동할 수 있게 하라.

스킵 로빈슨 박사는 소노마 주립대학에서 국제 분쟁해결의 심리학을 가르친다. 그는 또 컨설턴트이고 작가이기도 하다.

개인적 호소로 설득하라
Make a Personal Request to Nonvoters

엘리즈 데이비스, 42, 캘리포니아 포트 워니메

Elise Davies, 42, Port Hueneme, California

나는 내 딸 안마리와 점심을 함께 하고 있었고, 당시 내게는 중요한 임무가 있었다. 그 애를 유권자등록시키는 임무 말이다. 스물 세 살인 딸은 여태까지 한 번도 투표를 하지 않았는데, 이유는 우리 정치제도가 엉망이고, 모든 정치인들은 부패한 인물이어서 투표한다고 해서 아무 것도 바뀌지 않는다고 생각하기 때문이었다. 그 애에게 투표를 독려한 것이 처음은 아니었지만 이번에는 좀 달랐다. 우리에게 남겨진 시민권의 마지막 자존심이 무너지느냐 사느냐 사활이 달려 있는 문제였기 때문이다. 세계 제패를 위해서는 어떤 대가를 치루더라도 상관없다고 생각하는 소수의 극단주의자들로부터 우리 나라를, 나아가서는 온 지구를 보호하는 문제가 걸린 선거이기 때문이었다. 나는 이번만은 되는대로 내버려두지 않을 결심이었다.

딸을 설득하는 일은 그리 쉽지 않았다. 전략이 필요했다. 우선 그 애가 흥미 있어 하는 주제를 골라 말문을 열었다. 임신중절 권리를 보호하는 대법원 판례인 '로 대 웨이드 사건Roe v. Wade'[13]으로 만들어진 현행법을 바꾸려는 보수 세력의 위협에 관한 얘기부터 시작했다. 딸은 얌전하게 내 얘기를 들어 주었다. 이어서 임신 중절 지원금지 규칙을 제정해서 해외의 에이즈 퇴치에 지원금을 주지 않도록 만든 현 위정자들의 정책을 비판하는데로 나아갔다. 여성의 권리 같은 것은 안중에도 없는 현 보수정부에 내 마음이 얼마나 상하는지도 말해 주었다.

그래도 별 진전이 없었다. 사태는 절박해졌다. 나는 드디어 그 순간까지도 도저히 생각조차 할 수 없었던 말을 내뱉었다. 엄마에게 선물 한 가지를 해 달라는 것이었다. 예비선거에 등록하고, 투표하는 것이 딸이 엄마에게 해 줄 수 있는 선물이다라고 하면서. 마침내 그 애가 그렇게 하겠다고 승낙했다. 그래서 딸에게 너는 어차피 누가 당선되든 상관없다고 했으니 이왕이면 내가 지지하는 후보에게 투표해 줄 수 있겠느냐고 물었다. "예" 라고 딸아이가 말했다. 이 부탁도 들어 주겠다는 것이다. 마지막 부탁을 했는데 유권자등록을 하지 않은 자기 친구들에게도 등록을 권하는 일이었다. 딸은 그 일 역시 해주겠다고 했다.

그런데 놀랍게도 무브온이 보낸 회원들의 에피소드 모집 소식을 보면서 나에게도 재미있는 활동 얘기가 있었으면 얼마나 좋을까 하면서 지나쳐 버렸다. 어느 날 여동생에게 안마리와 내 얘기를 무심코 했을 때 비로소 이 얘기가 상당히 중요한 행동이었다는 것을 깨달았다. 우리의 작은 행동들은 참으로 의미심장한 활동들이며 그리고 마침내 변화를 만들어 내개 되는 것이다.

---

13) 로 대 웨이드 사건은 1973년 미국에서 최초로 낙태를 허용하게 된 판례이다.

요즘 나는 선거에 참여하지 않는 친구들에게 나에게 선물 주는 셈 치고 투표해 달라고 버릇처럼 부탁한다. 그건 아마도 그들에게서 받을 수 있는 최고의 선물일 것이며 그들에게도 그렇게 말하곤 한다. 대학에 다니는 조카딸에게 보내는 선물소포에도 유권자등록 카드와 내가 지지하는 후보자의 전단지를 넣어 보내 캠퍼스에 배포할 수 있도록 할 작정이다. 오늘도 나는 직장동료와 점심을 함께 하며 나에게 주는 선물이라고 생각하고 투표해 달라고 부탁했다. 으라차차 비켜라! 난 계속 이길 것이다.

MoveOn Tips

● 친구들과 친척을 투표일 파티나 개표방송 시청 식사같은 행사에 초대해서 특별한 기회를 만들어 보자. 초청장에 "투표장에 갔다 오는 길에 꼭 들려 주세요. 친구들과 함께 선거에 관한 여러 가지 일화나 다른 토론도 함께 합시다."라는 식의 짧은 글귀를 적어도 좋다. 조촐한 선물이나 경품을 준비해서 해마다 오고 싶어 하는 모임을 만들어 보자.

● 자녀들을 투표장에 데리고 가거나 투표일 밤 축하파티에도 참석시켜 투표과정을 배울 수 있는 기회를 만들자. "채점표"를 만들어 아이들과 어른들에게도 개표 진행을 추적하도록 하자. 선거가 얼마나 중요하는지 가르치는데 너무 어리다는 말은 결코 있을 수 없다.

엘리즈 데이비스는 임원 보좌관으로 일하고 있으며 세 아이의 엄마다. 그녀는 이라크 불법침입과 후속점령에 분노를 느끼고 정치 활동가가 되었다.

선거기간 내내 전화기를 들어라
Participate in a Phone Bank

수잔 트루왁스, 43, 캘리포니아 엘 세군도

Susan Truax, 43, El Segundo, California

사내아이 셋을 키우는 직장인 엄마로써, 나는 가족을 제대로 먹이고, 씻기고, 공부시키고, 운동시키고 그리고 사랑을 듬뿍 받게 할 수 있으면 보람있는 하루로서 대성공의 날이라고 생각했다. 세 아이를 돌보고, 고객을 기쁘게 하고, 자원봉사 스케줄을 맞추고, 나와 똑 같이 바쁜 스케줄을 따라야 하는 남편을 챙기는 일들이 날마다 대성공으로 지속되게 하려면 보통의 기술 가지고는 감당하지 못 한다.

모든 일상 의무를 다 하고 난 다음에야, 사회참여도 하고 시사에 밝고 책임감 있는 시민이 될 것이라는 덧없는 상상을 하기도 한다. 그러나 일상의 의무는 가차 없이 나를 옭아매고 있었다. 그러던 중 캘리포니아에서 일어난 사건 하나가 나를 행동으로 이끄는 계기가 되었다. 주지사 소환투표 청원이 조직되고 발의요건을 채우고 드디어 승인되는 과정을 아연실색하게 목도했다. 여론조사에서 다수의 캘리포니아 사람들이 그레이 데이비스Gray Davis 해임에 동의한다는 결과가 나온 것은 내게 너무나 큰 충격이었다. 어떻게 이런 일이 일어날 수 있는 지 알 수 없었다. 우리가 주지사를 좋아하는가, 좋아하지 않는가라는 인기투표가 아니라 해임 운동의 정당성이 결여되었다는 문제점을 사람들이 왜 알지 못하는지 이해할 수 없었다. 데이비스는 불과 얼마 전에 과반수 유권자에 의해 지사로 선출되지 않았던가? 나 자신이 그 과반수 중 한 명이 아니었다는 것과 이 문제는 아무 상관도 없다. 이것은 민주주의 절차를 지킬지 말 것인지의 문제다!

재택근무를 하는 평범한 PR 컨설턴트인 나 같은 사람이 감히 어떻게 주 전체의 운동에 영향을 미칠 수 있겠는가? 그럼에도 나는 무슨 일인가 해서 돕고 싶었다. 정당치 못한 주지사해임 청원철회 (즉 민주주의를 살리자는) 운동은 아이들의 새 학기가 다가오는 그 당시, 내 "오늘 할 일 리스트"에 올리기에는 너무나 방대한 목록이었다. 이때 등장한 것이 무브온이다.

무브온 정치행동위원회PAC에서 나는 정기적으로 상황 이메일을 받고 있었는데 나 같은 사람이 자투리 시간에 집에서 해임청원 철회운동을 도울 수 있는 방법도 알려 주었다. 나는 소환에 반대해서 무브온 정치행동위원회 청원서와 메시지를 친척과 친구들 그리고 직장동료들에게 다시 전달하는 활동을 시작했다.

선거가 다가오면서 나는 무브온의 투표 전화은행[14] 자원봉사자가 되기로 했다. 유권자 명단에서 처음 20명을 맡아 전화를 걸면서 나는 역사가 만들어지는 과정에 일조를 하고 있다는 느낌에 가슴이 벅찼다. 기분이 더 좋아진 나는 명단을 한 번 더 받고, 다음에

---

14) 전화은행phone bank은 자원봉사자가 할당된 전화번호에 책임을 지고 선거운동하는 방식이다. 대략 20여 개 번호에 서명하고 캠페인활동을 한다.

또 받아 전화를 걸었다. 어려운 이름의 발음을 점점 더 잘하게 되고, 곧 메시지를 그냥 읽어 내려가는 것처럼 능숙해졌다. 나는 15분 동안 몇 사람과 통화할 수 있는지 내 자신과 경쟁해 보기도 했다. 수시로 내 통화내용을 들은 아들이 내 투표권장 문구를 유머러스하게 만들어 우리 부부를 웃기는 것도 재미있었다.

소환투표 날을 앞둔 몇 주간 저녁식사가 늦어진 적이 몇 번 있었지만, 신념을 지키기 위해 당당하게 맞서 싸운다는 본보기를 아이들에게 보여주는 좋은 기회이기도 했다. 선거결과야 어찌 되었든 해임 발의를 철회시키려는 운동에 일조를 했다는 사실이 나에게는 소중했다.

무브온 정치행동위원회의 자원봉사자로서 나는 380명의 투표등록자와 통화했는데 그 대다수가 해임을 지지하지 않았다. 그랬던 것이 바로 투표가 종료된 지 몇 분도 안 되어 결과를 발표했을 때 내가 경악을 금치 못한 이유일 것이다.

결국 주지사는 물러났고 후임으로 터미네이터(아놀드 슈왈즈네거)가 그 자리를 물려받았다. 2003년 10월 7일은 대성공의 날이었을까? 글쎄, 애들이 끼니를 거르지는 않았다. 충격으로 정치 우울증의 굴 밖으로 기어 나온 얼마 뒤, 나는 비로소 수백 명의 무브온 자원봉사자들과 공동목표를 향해 일했다는 사실—그것도 내 집에 머무르며 또 내 시간에 맞추어—에 위안 받을 수 있었다.

MoveOn Tips

- 당신이 좋아하는 기관의 지부조직에 연락하여 투표 전화운
  행 일에 자원해 보자. 한번에 20개 정도의 전화번호에 서명
  하면 되고, 시간이 날 때 더 하면 된다.

수잔 트루왁스는 기술, 소비자, 교육 분야에서 일하는 PR 컨설턴트이다.
그녀는 눈에 띄는 자원봉사 활동과 교육에 대한 공헌으로 엘 세군도El
Segundo시 상공회의소에서 데이브 존스 상Dave Jones Award을 수상했고, 엘
세군도 지역 학교연합에서 올해의 자원봉사상Outstand Volunteer of the Year
을 수상했다.

서론 / 데이비드 팬톤

더 많이 읽고 TV 시청은 줄여라

당신의 의견을 미디어에 기고하라

편파왜곡 보도에 맞대응하라

보도되지 않은 사건을 이슈화 하라

의견광고를 하라

미디어 개혁에 참여하라

당신의 미디어를 만들어라

독자란에 투고하라

독서클럽을 시작하라

무브온이 권하는 미디어

III.

당당한 시민이
건강한 언론을 만든다

The Many Faces of the Media

서론
Introduction

데이비드 팬톤, 팬톤 커뮤니케이션즈 사장
David Fenton, CEO, Fenton Communications

"보도되는 뉴스가 맘에 들지 않는다면 당신이 뉴스를 만들어라." 이것은 1960년대 후반 샌프란시스코 라디오의 한 방송인이 만든 삶의 모토이다. 그리고 바로 무브온 회원들이 하는 일이기도 하다. 미디어가 그 어느 때보다 천박해지고 선정적인 이 시대에 이런 활동은 아주 새롭고 중요한 일이다.

미디어의 대기업 소유 집중과 지구온난화보다는 팝 가수 브리트니 스피어스 보도를 선호하는 흐름 때문에 우리 사회에 다원화된 시각이 줄어들고 있다. 지금 보수세력은 미디어를 지배할 뿐만 아니라 우리들의 사고까지도 지배하고 있다.

이러한 환경에서 무브온 회원들은 미디어의 편향성에 대해 기자회견을 연다. 편집자에게 편지를 쓰고, 모니터링하며 미디어 개선 방안을 마련한다. 기자들이 다루지 않은 중요한 이야기들이 주목을 받도록 퍼뜨리고, 신문 사설란에 투고한다. 공공TV 시청자 제작프로그램을 만들고, TV나 인쇄매체에 진보적 의제를 광고하기 위해 기금 모금도 한다.

이 장은 회원들이 이런 여러 활동을 하면서 얻은 비법을 담고 있다. 그런 측면에서 미디어 행동강령 입문이라고도 할 수 있다.

우리는 행동해야 한다. "다양하고 자유로운 언론"이라는 제퍼슨의 이상이 실현되지 않는 한, 깨어난 시민이나 진정한 민주주의를 이룰 수 없다. 시민 액티비즘activism으로 기업미디어의 정책결정자들을 긴장시키지 않으면 자유롭고 다양한 미디어는 존재하기 힘들다.

다시 말해 30초 TV 광고를 구매할 수 있는 충분한 돈을 가진 사람이 아닌 이상 중요한 생각이라도 평균 8초 이상의 시간—TV 뉴스 등에서 짧게 인용되는 뉴스원의 말—이 허용되지 않는 나라에 살고 있다는 것만으로도 상황은 좋지 않다. 물론 돈이 많아 30초 전부를 쓸 수 있는 경우를 빼 놓고는 말이다. 이런 상황에서 사담 후세인이 9/11을 배후에서 조종했다고 믿는 미국인이 있다는 것이 이상할 것도 없다. 조지 부시가 노인의료지원제도Medicare를 개선시켰다고 믿는 사람이 있다는 것도 놀랄 일이 아니다. 그리고 단순한 선동이 복합적인 사실을 물리치고 승리한다는 것이 당연하지 않은가.

지구상의 나머지 지역들, 특히 유럽과 일본 사람들이 미국인들보다 진보적인 시각을 더 잘 알고 있다는 것 또한 놀랄 일이 아니다. 그곳 미디어는 사안을 깊게 다룬다. 그들의 선거캠페인은 30초 광고로 끝나는 선전이 아니다.

미디어가 문제이다. 그리고 인터넷은 문제 해결책의 한 역할을 할 수 있다. 우리들은 인터넷의 힘을 이용하여 미디어가 정직한 매체가 되도록 하고, 미국 시민들이 다양한 관점을 지지할 수 있도록 도울 수 있다. 이 일이야말로 필수불가결한 본질적 문제다. 무브온 회원들의 노력이 없었다면 우리가 자체적으로 30초 광고를 구매하여 우리 나라 지도자들이 전파한 조지 오웰식 기만을 폭로할 수 없었을 것이다.

나는 비영리 공인단체의 메시지가 제대로 전달되도록 돕기 위해 '팬톤 커뮤니케이션즈Fenton Communications' 라는 광고홍보대행사를 운영한다. 이는 무브온 공동체의 일부라는 것을 영광으로 알고 있는 회사다. 우리는 회원들의 피드백과 아이디어 그리고 성원을 받을 때면, 실로 엄청난 성취감에 가슴이 벅차오르는 것을 느낀다.

1964년 배리 골드워터Barry Goldwater의 패배 이후에 보수진영 조직은 미디어를 장악하는 것을 우선 목표로 삼았다. 그들은 상상이상으로 성공했다. 라디오와 TV 방송국을 사들였다. 담론과 아이디어를 창출해 내기 위해 연구소를 창설했다. 얼마 뒤부터 그들은 주류 미디어에 압력을 가해 보수파로 이끄는데 성공했다.

진보조직들도 마침내 미디어의 균형을 회복하기 위해 중대한 운동을 시작했다. 우리는 라디오 네트워크를 창설하고, 방송국을 사들이고, 미디어의 편향성을 폭로하고, TV와 라디오에 대변인들을 강력하게 내세우고 있으며, 광고도 구매하고 있다. 무브온은 사람들에게 미디어의 성향을 일깨워 주는데 중요한 역할을 했다. 활동에 참여해 준 사람들 덕분에 마침내 여론은 동요하기 시작했다.

데이비드 팬톤은 PR Week지가 선정한 "20세기에 가장 영향력 있는 100인의 PR인"으로 뽑혔고, 1982년 팬톤 커뮤니케이션즈를 설립했으며 환경, 공중보건, 인권에 중점을 둔 이슈 PR 캠페인을 창시한 인물이다. 팬톤은 환경단체간의 통신을 담당하는 기관인 환경미디어서비스Environmental Media Service의 공동창립자이기도 하다. 그는 또 세계화된 경제사회에서 일어나는 인권문제를 다루고 있는 New Economy Communications와 Death Penalty Information Center도 공동 창설하였다.

더 많이 읽고 TV 시청은 줄여라
Read More, Watch TV News Less

케이트 콕스, 27, 뉴욕 퀸스

Kate Cox, 27, Astoria, Queens, New York

아버지께서는 언론인으로 30여 년간 같은 신문에 글을 써 오셨다. 우리 집안의 아이들은 언론의 자유와 표현의 자유를 존중하는 분위기에서 자라났다. 부모님은 모든 이슈를 비판적으로 바라보고, 주어진 상황에 대해 감정적으로 접근할 것이 아니라 사실을 중심으로 한 분석과 판단을 하라고 가르치셨다. 나는 그러한 가르침을 직장과 공동체 그리고 투표소에서 활용하고 있다.

2001년 9월, 나의 비판적 시각이 시험대에 올랐다. 그날의 이미지는 그동안 매스미디어가 우리에게 보여주었던 고통받는 인간의 모습과 정의롭지 못한 세상의 이미지와 사뭇 달랐다. 이번에는 나의 도시가 불타고 있었다. 목숨아 날 살려라 하고 도망치는 사람들은 내 친구들, 내 이웃들이었다. 내가 쌓아온 냉철함은 일순간에 엉망이 되었다. TV에 전문가들이 출연해서 우리에게 일어난 일을 이해시키려고 애쓰는 동안 나도 다른 사람들처럼 몇 주 동안 TV앞에 붙어 앉아 뉴욕의 세계무역센터와 워싱턴의 펜타곤이 공격받는 장면을 보고 또 보았다. 나는 매일밤 우리 세상이 나쁜 일에 휘말리게 될 것 같은 불길한 예감에 시달리며 잠자리에 들었다. 밤마다 아버지와 통화하면서 그날 TV에서 보고 들은 슬프고 무서웠던 장면을 이야기하곤 했다. 온 나라가 무서운 시대로 접어들고 있었으며 나 자신도 두려움과 근심에 사로잡혔다. 매일 밤 내 얘기가 끝나면 아버지는 "보는 것보다 더 많이 읽어야 한다는 것을 명심해라"라고 말씀하셨다. 아버지께서는 매일 같이 이메일을 통해서도 아침 TV뉴스가 아닌 신문으로 하루를 시작하라고 거듭 말씀하셨다. 아버지는 매일 밤 30분 정도만 TV를 보는 것이 숙면을 취하는데 도움이 된다고 말하기도 하셨다. 아버지는 이미지와 그림에, 특히 부드러운 음악이 가미되면 우리가 놀랍도록 민감해진다는 사실을 상기시켜 주셨다. 우리가 저녁 TV뉴스가 제공하는 정보만 가지고 살게 되면 주어진 상황에 대한 진실을 보지 못하게 된다. 그리하여 남을 이해하는 능력을 잃게 된다. 우리는 점차 시사에 어두운 몽매한 인간으로 쇠락해 버린다. 아버지께서는 영상은 전체 이야기 중 일부만을 보여줄 뿐이라고 하셨다.

아버지 말씀이 옳았다. 나는 매일 신문과 잡지부터 사회 역사적 논평까지 손에 닿는 대로 모두 읽기 시작했다. 종교철학자, 선생님, 과학자들이 쓴 기사와 에세이도 읽었다. 나는 정보를 확실히 알고 나서 TV영상을 보기 위해 여러 인쇄매체를 구독해 읽기 시작했다. 무언가 읽기 위해 자리에 앉을 때마다 내 비판의 초점은 더욱 또렷해지는 것을 느꼈다. 균형 있는 시각을 찾았고 세상 사건들을 역사적 맥락과 연결해서 판단하는 방법을 배웠다. 세상이 끝났다고 하는 글이 하나 있으면, 세상은 재건되고 있다는 글도 하나 있다는 것을 알게 되었다.

나는 점점 전에는 무기력하게만 느꼈던 상황에 대해 내 힘으로 해결할 수 있다는 자신감이 생겼다. 요즘 참여와 봉사의 기회에 대한 글을 읽었고, 나 스스로 평화와 변화의 힘을 담는 그릇이 되겠다는 결심도 하고 있다.

나는 여전히 세상 곳곳에 있는 극심한 고통과 불의의 이미지에 마음이 동요한다. 여전히 세계무역센터가 무너지는 이미지를 보며 눈물짓는다. 그러나 영상 이면에 무엇이 있는가를 읽는 것을 배우게 되었고, 그 안에서 희망과 진실 그리고 구체적인 과제들도 발견했다. 거기에 바로 치유과정도 찾아 볼 수 있다. 정보가 바로 힘이다.

MoveOn Tips

- 당신의 검색 대상에 전에는 찾아보지 않았던 설교, 연설, 에세이 출판물과 같은 문서들을 추가해 보자.
- 기존에 당신의 정치적, 정신적, 감정적인 입장과는 다른 각도에서 쓴 글들을 읽어라. 한 사안에 대해 모든 측면들을 보는데 도움이 될 것이다.
- TV 시청을 줄여라. TV를 켜기 전에 당신에게 필요한 정보를 얻는데 어떤 프로그램이 가장 유용한지를 곰곰이 생각한 뒤에 켜라.

케이트 콕스는 비영리 극단 This Woman's Work Theatre의 공동 아트 디렉터이자 배우다.

당신의 의견을 미디어에 기고하라
Write a Letter to the Editor

잭 케네디, 56, 메인 노블레보로
Jack Kennedy, 56, Nobleboro, Maine

1969년 보스턴 대학을 졸업할 때 나는 결혼해서 이미 아이가 있었는데, 졸업 몇 달 전에 입영영장이 나올 것이라는 사전통지를 받았다. 나는 베트남전에 대해 심각하게 반대하고 있었지만 시위까지 하는 타입은 아니었다. 국가의 부름을 받고 군장교 후보 훈련 프로그램에 병적을 등록했다. 9개월 후 오클라호마 포트실 Oklahoma Fort Sill에서 포병장교 과정을 거의 마치고 졸업 3주 전, 나는 전쟁이 도저히 정당화될 수 없다는 결단을 내렸다. 나는 양심적 병역 거부자 신청서를 냈다. 힘든 시간이었지만, 살아남았고 1년 후에는 명예제대로 군을 떠났다.

그 이후 또래의 많은 이들처럼 나는 정부에 대한 환상을 버렸다. 그리고 30년 이상 정치를 외면하고 살았다. 그러다가 9/11이 일어났고 이 나라가 보인 공포의 반응을 보면서 나는 새로운 종류의 이데올로기로 치닫고 있다는 느낌이 들었다. 1년간 신군국주의와 시민권의 침해 행위가 증가하는 것을 보면서, 점점 더 걱정스러워졌다. 나는 무브온 회원이 되어 청원서에 서명도 하고, 캠페인 광고 모금을 할 때면 여기저기에 20달러를 기부했다.

결국 9/11 1주기에 더 이상 잠자코 있어서는 안 되겠다고 결정하고, 미디어 편집자에게 편지를 썼다. 우리 지역의 세 개 지역신문에 그 글이 실렸다. 그 후 매주 일요일, 나는 지역신문에 기고한다. 지금까지 내 편지는 24개가 실렸고 몇 개는 사설로 채택되기도 했다. 일요일 밤마다 나와 같은 생각을 가진 웹상의 친구들에게 메일로 내 글을 보낸다.

내가 1969년과 다른 사람이 된 것은 아니다. 나는 지금도 팻말을 들고 다리 위에서 1인 시위를 하거나, 집회에 나가거나, 후보자의 가정 방문에 참여하지는 않는다. 나는 내 모든 기고와 기부활동을 일요일 아침마다 메인 주 중부해안의 작은 시골집에서 파자마 바람으로 컴퓨터 앞에 앉아 하고 있다. 이런 활동이 대단한 것이 아니라는 것은 나도 잘 알고 있다. 나는 한 달에 두 차례 주류 정치관점과는 다른 의견의 글로 수천 명의 지역 사람들과 신문이나 컴퓨터로 만날 뿐이다. 그러나 나처럼 글을 쓰고, 청원에 서명하고, 몇 달러를 기부하는 사람들이 전국에 또 수천 명 더 있다고 생각하면 그건 정말 대단한 일이다. 우리가 나라를 조금은 바꿀 수 있을지도 모르는 일이다. 좀 더 나은 나라로.

잭 케네디는 어린 시절의 연인인 부인과 결혼했고, 장성한 두 아들이 있다. 그는 재키루스Jackeroos라는 아시아태평양 전통수공예품 상점을 경영한다.

MoveOn Tips

무브온이 제안하는 미디어 편집자에게 편지 쓰는 법 예시

게리 포터, 57, 미시간 앤 아버
Gary Porter, 57, Ann Arbor, Michigan

오래 전부터 나는 미디어 편집자에게 편지를 써왔고, 내가 보낸 편지는 모두 신문에 실렸다. 보통 이런 경우가 드문 것은 사실이다. 편지는 놀라울 정도로 수백, 수천 명의 독자들에게 영향을 미칠 수 있는 매체다. 한번은 내 편지가 월 스트리트 저널 Wall Street Journal에 실렸는데, 그것은 곧 백만 명 이상의 독자들에게 내 글이 전달되었다는 얘기다. 여기 나의 편지쓰기 가이드라인을 적어 본다.

- 편지는 흥미롭고 마음이 끌리도록 써야 한다. 자기가 쓰고자 하는 주제가 머릿속에서 한참 익어 가는 시간을 가짐으로써 그렇게 할 수 있다. 주중에는 하고 싶은 말이 생각 날 때마다 메모지에 적는다. 친구와 이야기 하듯이 재미있게 작문을 한다.
- 문장은 짧고 명백하게 쓰되 한 문장에서 한 가지 요점만 말하도록 한다.
- 뉴스 기사 쓰는 법을 따른다. 특히 원고지 매수에 주의한다.
- 몇 차례라도 교정한다. 문장은 간결하고 주제는 더욱 분명하게 교정해야 한다.
- 편지 하나에 하루 이틀은 매달려라. 그리고 보내기 전에 마

지막으로 수정하라.

- 매일 뉴스를 보면서 중요한 주제와 관련된 통계를 메모하라.

- 인터넷을 이용해 관련 사실이나 통계를 재점검하라.

- 내가 성공을 거둔 방식은 이렇다. (1) 첫 문장에서 주제를 정의하고 독자의 흥미를 유발하라. (2) 다섯 가지가 넘지 않는 정확한 요점을 한 문단에 하나씩 배치해서 첫 문장에서 소개한 주제를 설명하고 강조하라. (3) 결론은 가능한 행동지침을 포함해야 한다.

다음은 이 공식을 사용해 작문한 경제정책에 대한 내 글이다. 몇 가지 설명도 함께 실었다.

도입 문장 :

"우리 사회의 많은 사람들이 더 이상 이 사회에서 살아갈 경제적 능력이 없다."

- 당신이 특정한 요점을 밝혀 주는 어떤 상황에 대하여 편지를 쓴다면 이런 방법도 써 볼 수 있다. "올해 7월 케이시 로버트Katish Robert는 두 살짜리 아들애가 폐렴에 걸리자 그린 커뮤니티 칼리지Green Community College에 휴학계를 낼 수밖에 없었다. 그녀의 이야기는 우리 사회의 워킹 푸어working poor의 취약성을 보여 준다."

- 다음과 같은 도입문장을 피해라: "부시대통령의 경제정책은 정말 나를 화나게 한다." 독자들은 경제정책에 대한 사례보다는, "아침에 눈을 떴을 때"와 같이 당신이 언제 어떻게 화났는가에 대한 사례를 보고 싶어 한다. 이것이 도입문장의 핵심이다.

두 번째 문단에서의 경제적인 초점

"인구통계국에 의하면 우리 나라 가구 중 40%의 임금이 시간

102

당 10.12달러, 수입이 연 20,000달러다. 의식주를 해결하고 나면 교육, 보험, 의료를 포함한 다른 비용, 즉 우리들 대부분이 당연하게 생각하는 비용들을 이들은 감당할 도리가 없다."

● 두 번째 문장이 첫 번째 문장을 어떻게 확대하여 설명하고 있는지 주목하라. 독자에게 그 통계자료가 우리 사회의 한 부분에 미치는 효과를 보여 준다.

세 번째 문단에서 또 다른 경제정책에 대한 논점

"미국은 다른 어떤 산업화된 사회보다 큰 빈부격차가 있다. 미국에서 가장 부유한 400개의 가구가 하위 40%의 가구 즉 1억 명의 재산 만큼의 재산을 소유하고 있다."

네 번째 문단에서는 요점을 더 넓혀 이런 격차가 단지 빈자들뿐만 아니라 우리 모두에게 어떻게 손해인가를 설명한다.

"라틴아메리카 국가들은 수십 년간 빈부격차가 있을 때 문제가 생긴다는 것을 잘 보여 주고 있다. 이 격차의 결과로 라틴아메리카에서 겪고 있는 문제를 꼽자면 정치적 불안정, 불결한 물, 빈약한 도로사정, 교육기회의 부족, 보잘것없는 국가 위상 등이다."

마지막 문단에서는 논점을 요약하고 행동을 제안한다.

"빈부간의 큰 격차는 우리 모두에게 손해다. 이 문제를 무시한 채 계속해서 번영할 것이라고 기대할 수는 없다. 다음 선거에서 유권자들은 후보들에게 이 문제를 인정하고 개선책을 강구하라고 요구해야 한다."

게리 포터는 전자상거래 회사의 사장이다. 그는 미시건 대학에서 MBA를 받았고 영문학사이다.

편파왜곡 보도에 맞대응하라
Respond to Biased Reporting

리차드 카드, 38, 버지니아 레스톤

Richard E. Chard, 38, Reston, Virginia

일부 미디어의 지방방송국이나 리포터들이 "실제로 그렇다" 보다는 "그래야만 한다"는 식의 뉴스를 내보내는 습관이 있고 이 습관은 여론과 선거결과에 막대한 영향을 미친다. 미디어의 이런 행위를 항상 점검하여 중지시키고 공정성을 지키도록 이끄는 것은 소비자와 시민인 우리의 몫이다.

얼마 전부터 나는 워싱턴 포스트의 한 기자가 자신의 편견을 마치 사실인 양 계속해서 보도한다는 것을 알게 되었다. 예를 들면 2003년 봄, 이 기자는 공화당 전략가 칼 로브Karl Rove가 뉴햄프셔에서 어느 민주당 대선 후보자들보다 더 많은 군중을 모았다고 썼다. 로브가 이처럼 인기가 있는 것은 부시에게 유리하고 민주당에게는 불리하다는 징조라는 결론을 맺고, 뉴햄프셔에서 강력한 공화당의 지지가 예상된다며, "부시가 손쉽게 2000년 선거에서 이길 것이다"라고 했다. 뉴햄프셔 토박이인 나는 이것이 옳은 주장이 아니라는 느낌이 들었다. 결과도 그렇다. 부시가 뉴햄프셔에서 그리 손쉽게 승리한 것이 아니라 고어와 네이더 표를 합치면 부시에 비해 15,000표(3%)를 더 얻었다.

무브온 미디어팀에 참여하면서 축적된 경험을 바탕으로 나는 확인 작업에 착수했다. 실상은 워싱턴 포스트의 기사와 판이하게 달랐다. 세이트안슬렘 대학St. Anselm's College에 칼 로브를 보기 위해 모여 든 청중이 딕 게파트Dick Gephardt나 존 에드워드John Edwards의 청중보다 많은 것은 사실이었지만, 콩코드 모니터지Concord Monitor의 보도에 의하면 청중의 절반이 부시를 지지하러 온 것이 아니라 그의 정책에 반대하려고 온 사람들이었다. 맨체스터와 워싱턴 중간 어디쯤에서 그러한 사실이 사라졌던 것이다. 게파트와 에드워드는 캠페인 당일 폭풍이 불어오는 바람에 뉴햄프셔 사람들이 밖에 나오지 않는 불운을 맛보아야 했다.

이 문제와 또 다른 이슈를 주제로 나는 워싱턴 포스트의 옴부즈맨을 접촉했다. 옴부즈맨의 임무는 독자의 변호인 역할을 하고 특히 기자들이 저널리즘 원칙을 어긴 경우 독자의 대리인 노릇을 하는 것이다. 무브온의 충고를 따라 나는 위의 사실들을 알려주고, 워싱턴 포스트에 근거를 점검하는 일도 없이 마치 사실인 것처럼 주장하는 것을 중단해 달라고 요청했다. 얼마 후 그 기자로부터 자기가 쓴 글은 뉴스가 아니라 분석을 의도한 것이라는 변명을 늘어놓은 이메일 한 통이 왔다. 나는 그것이 사실이라면 기사에 그 점을 언급했어야 한다고 답장 이메일을 보냈다. 그 이후 그의 노골적인 편향 기사에는 분석이라는 이름이 붙여졌고, 다른 글에서도 억측과 주장을 사실로 기술하는 일을 그만두었다.

미디어가 어느 쪽으로든 편향되어 있는 것은 사실이다. 그들의 보도가 사실과 다를 때 우리가 본 것과 다르다고 소리 높여 말한다면 미디어의 선전선동propaganda을 무력화하고 그들을 보도reporting

로 되돌아 가도록 돕게 될 것이다.

MoveOn Tips

- 무브온의 미디어 파트에서는 뉴스를 조직적으로 모니터하고 부적절하거나 잘못된 정보를 뉴스로 보도한 경우를 보고하는 역할을 수행한다. 여러분도 미디어 파트 일원이 되어 미디어가 기자정신을 고수하도록 도와 줄 수 있다.

- 가능한 자주 지역신문을 읽고 무언가 옳지 않다고 생각되거나 확실히 오류가 있을 때 메모하라. 그 다음 온라인 검색엔진을 활용해 그 기사에 보도된 문제에 대하여 다른 언론의 기사가 있는지 찾아 각각이 어떻게 다른지 비교해 보라.

- 이렇게 수집한 사실 자료를 활용해서 '뉴스인 것처럼 가장한 의견'을 펼치는 것을 중단하고 진짜 뉴스를 보도하라고 지역신문에게 요구한다.

- 전선을 잘 선택해라. 모든 이야기에 대해 불평을 늘어놓는 괴짜가 되어서는 별로 효과가 없다. 지역신문의 특정한 추세에 대해 일정 기간 메모해 놓은 다음에 보다 큰 문제에 대해 항의를 하라.

- 자신의 열정이 끌리는 대로 다가가라. 자신이 평소에 관심 있던 분야를 미디어 감시 초점으로 삼는 것이 현명하다.

리차드 카드는 워싱턴DC 보건의료협회의 선임연구원이다. 1998년 스토니 부룩대학교Stony Brook University에서 정치학과 통계학으로 박사학위를 받았다.

보도되지 않은 사건을 이슈화하라
Alert the Media to Uncovered Events

메리 리카드, 51, 일리노이 시카고

Mary Rickard, 51, Chicago, Illinois

PR 직업에 종사하는 사람으로서 지난 10년간 지역 미디어와 지역 관련 보도량이 감소하고 있다는 것을 너무나 잘 알고 있었다. 처음에는 단지 광고수익 감소의 결과려니 또 거대 미디어들이 소규모 TV방송국과 신문들을 흡수했기 때문이려니 생각했다. 2002년 가을 미디어 통합의 원인과 음모를 다룬 무브온 정기보고서를 보기 전까지는 큰 그림을 볼 수 없었다.

지난 20년간에 전 세계 미디어 통제력이 50개 기업에서 6개의 전 지구적 미디어 복합기업conglomerate으로 감소했다는 것을 나는 미처 깨닫지 못했다. 6개 거대복합기업이 모든 주요 TV 네트워크와 라디오 방송국, 잡지, 케이블TV 방송국, 영화와 음악 스튜디오, 신문 네트워크를 장악하고 있는 것이 현재 상태다. 상황이 얼마나 엄청난가를 깨닫고는 관련 사이트 www.fair.org, www.accuracy.org, www.openairwaves.org, www.domocraticmedia.org, www.takebackthemedia.com 등을 모두 검색했고, 미디어 연구의 권위자인 로버트 맥체스니Robert McChesney와 존 니콜스John Nichols의

글과 책을 읽었다. 나는 그제서야 현재 미디어 추세가 우리 민주주의에 끼치는 영향이 얼마나 무서운지가 뼈저리게 다가왔다.

2003년 미디어 소유권 한도를 높이려는 연방통신위원회FCC의 결정을 앞두고 개인 소유 지방방송국 및 신문들은 사활의 문제를 걱정하고 있었다. 이 중요한 결정이 통과되면 거대복합기업이 어디서든 방송국, 뉴스 미디어를 사들일 권한이 생기고 그 결과 뉴스는 지금보다도 더 획일화 된다는 얘기다. 연방통신위원회 의장 마이클 파월Micheal Powell, 전 국무장관 콜린 파월 Collin Powell의 아들은 일반 공고나 공개 토론회도 거치지 않고 몇 달간의 고지절차만을 거친 후 규제철폐를 밀어붙이려는 심산인 것 같았다.

나는 시카고 퍼블리시티 클럽PCC, Publicity Club of Chicago[15])에 이 사실을 알리고 클럽에서는 연방통신위원회가 따로 개최하는 공동 포럼 공고를 월간 뉴스레터에 실었다. 다음 달 뉴스레터에는 연방통신위원회 구상을 설명하는 기사를 실었다. 연방통신위원회의 규제철폐에 대한 상원 표결이 다가오면서 모든 회원들에게 철폐를 반대하는 지역구 의원들을 접촉하라는 이메일을 보냈고, 일부 의식 있는 시카고 퍼블리시티 클럽 회원들은 자기가 속한 다른 전문가 조직들을 접촉, 프리랜서 작가와 기자들에게도 연방통신위원회FCC의 움직임을 알렸다. 나도 지역 평화집단 네트워크를 통해 수천 명의 시카고 시민들에게 현안의 규제 내용을 알려주고 의원들을 접촉하라는 이메일을 보냈다.

AP통신이 2003년 4월 연방통신위원회 규제안건을 주제로 주요

---

15) 시카고 퍼블리시티 클럽은 1941년에 설립된 미국에서 가장 큰 독립 공공관계 회원 조직이다.

기사를 냈을 때, 나는 시카고시와 교외지역의 모든 지방신문에 그 기사를 전송했다. 이번 결정이 소규모 신문에 영향을 줄 수 있기 때문에 작은 신문사들이 무슨 행동이든 취할 것이라고 난 생각했다. 그 중에는 AP 기사를 인용해 기사화할지도 모른다는 생각도 했다.

무브온이 연방통신위원회 규제를 개괄한 온라인 정기보고서를 발행하자 이 보고서가 기자들에게 완벽한 보도자료가 될 수 있다는 것을 깨달았다. 나는 이 문제에 대해 우리와 비슷한 의견일 것 같은 기자 한 사람에게 보고서 전문을 이메일로 보내면서 "이에 대해 쓸 수 있겠습니까?"라고 한 마디 덧붙였다. 그 때는 아무 답도 오지 않았다. 그러나 2주 후에 시카고 트리뷴에 두 개의 특집기사가 대서특필되었다. 비록 트리뷴을 비난하는 부분은 비켜 나가기는 했으나 지방 독립 미디어에 미칠 수 있는 위험성은 충분히 밝히는 기사였다.

몇 달 후, 시카고 전역에서 토론그룹을 운영하는 비영리단체인 퍼블릭스피어PublicSphere에서 나는 로버트 맥체스니의 연설을 들었다. 그는 연방통신위원회의 결정에 대한 얘기를 확산시킬 "군대"처럼 대단한 수의 사람이 필요하다고 했다. 강연 후 나는 그를 따로 만나 워싱턴DC에 연락해서 미국에서 가장 큰 PR전문 협회인 미국PR협회PRSA의 지원을 받아 보면 어떻겠느냐고 제안했다. 이 협회 회원들이야말로 문제가 얼마나 심각한지 분명히 알 것이다. 나는 이메일로 그에게 연락처를 제공했고 한 달 후에 미국PR협회는 전국적으로 협회 차원에서 연방통신위원회의 결정에 반대한다는 선언문을 언론기관에 배부했다.

이리하여 연방통신위원회 위원장 마이클 파월은 생각지도 못한

의회와 여론의 반대에 부딪히게 되었다. 불과 몇 달 전만 해도 상상할 수조차 없었던 저항의 물결이 이제는 그 결정을 슬그머니 통과시킬 수 없게 만들었다. 개인적으로 반대의견을 확산시키는데 온갖 노력을 했던 그 많은 사람들 중에 나도 한 몫을 한 셈이다. 파월은 할 수 없이 자기 입장을 밝히는 설명회를 전국 각지에서 열 수 밖에 없었다.

　내 이야기의 교훈은 한 사람이 컴퓨터와 인터넷을 통해 수천의 사람들에게 정보를 제공하고 영향력을 미칠 수 있다는 것이다. 개인의 노력이—몇 개의 기사를 쓰고 적절한 사람들에게 이를 전달하는 행동—축적되면 엄청난 충격을 만들어 낼 수 있다.

MoveOn Tips

- 지역매체에서 어떤 기사가 보도되고, 무시되었는가를 주의해 보자.
- 어느 기자가 중요하고 논쟁이 되는 이슈를 보도하는데 열성인지 주목하자.
- 평판이 좋은 기자에게 전화해서 충분히 보도되지 않았다고 생각되는 사안들을 보도하도록 독려하자.
- 기자들이 사용하기 쉬운 형식으로 배경정보와 이야기를 제공하자. 예를 들어, 미디어 소유권 집중 결과로 나타나게 될 왜곡과 폐해를 이야기로 호소해라(대기업소유 미디어에서는 관심이 없기 때문에 메시지를 전달할 수 없는 비영리단체 소식, 충분히 보도되지 않아 소수 비주류 그룹의 관심사, 환경문제나 공립학교의 문제가 보도되지 않을 위험성 등등).

- www.truthout.org, www.democrats.com, www.prwatch. org와 같이 뉴스가 이메일로 전송되는 사이트에 들어가 보자. www.salon.com, www.alternet.org, www.mediareform. net 그리고 www.indymedia.org 등도 유용하다. 이러한 사이트에서는 국내에서 쓰여진 가장 중요한 글을 꼼꼼히 점검하고, 리스트를 만들어 매일 또는 매주 제공한다.

- 모든 주요 신문 통신 서비스들도 지난 기사를 보관한 온라인 판이 있다. 이들 보관함을 뒤져 미국에서 보도되지 않았거나 잘못 전달된 이야기를 기자나 미디어 운동가들에게 보내자.

- 당신의 관심사에 같은 의견을 가질 만한 클럽, 협회, 네트워크의 지지를 얻어내자.

- 한 사람이 가져올 수 있는 영향력을 결코 과소평가하지 마라.

메리 리카드는 무브온에서 2년여 간 활발하게 활약한 회원이다. 그녀는 이슈관리 분야에서 일하는 프리랜서 마케팅 전문가이다.

의견광고를 하라
Place an Ad

그렉 니스, 54, 콜로라도 롱먼트
Greg Nees, 54, Longmont, Colorado

2001년 9월 13일, 나는 세계무역센터 테러의 쇼크로 멍해 있는 자신을 추스르려 애쓰고 있었다. 희생자들과 그 가족들의 공포와 고통을 생각하며 참선도 해 보았지만 비탄을 극복하기는 힘들었다. 이러한 감정은 참아내기 어려웠는데, 미국이 복수를 계획하려 한다는 사실을 알고 나서 내 기분은 더욱 악화되었다. 9/11과 상관 없는 수많은 무고한 사람들이 죽임을 당하게 될 것이었다. 폭력의 악순환이 계속될 것이 분명했고 나는 무엇이든 해야겠다고 생각했다.

부시 대통령에게 자제와 신중을 당부하는 편지를 쓰고 싶었지만 내 편지는 관료들의 장막을 뚫지 못할 것이 분명했다. 그래도 그 생각을 떨치지 못하고 있다가 나는 컴퓨터 앞에 앉아 편지를 쓰기 시작했다. 영감이 떠오르는 한순간이었다고나 할까? 말이 술술 풀려 나왔다. 몇 시간 내에 글을 완성시켜 백악관으로 편지를 부쳤다. 몇 명의 친구들에게도 참고삼아 이메일로 보냈다.

내 이메일에 대한 반응은 엄청났다. 전 세계 수천 명의 사람들에게 전송되어 깊은 감동을 주었고 유럽, 아프리카, 아시아로부터 호의에 찬 답변메일이 오기 시작했다. 너무 놀랍기도 했지만 기뻤던 것도 사실이다.

유미 키쿠치Yumi Kikuchi라는 일본 여성은 미국의 유력 신문에 내 편지를 광고로 실어도 되겠느냐고 물어 왔다. 나는 그래 보자고 했다. 네 명의 자녀를 둔 환경운동가인 유미는 활력 넘치는 여성으로 뜻을 같이 하는 사람들을 모아 그룹을 조직했다. 우리는 스스로를 '글로벌 피스 캠페인Global Peace Campaign'이라고 명칭도 만들었고, 뉴욕 타임즈 광고 면에 내 편지를 싣기 위해 모금에 나섰다.

뉴욕 타임즈 전면광고가 100,000달러에 이른다는 것을 알고는 나는 다시 회의에 빠졌다. 도저히 모을 수 없는 액수로 보였다. 그래도 그녀는 막무가내였다. 그녀가 도움을 청한 사람들도 도전에 응할 준비가 되어있었다.

글로벌 피스 캠페인은 일본, 영국, 독일, 미국의 여러 단체의 도움으로 활기를 띠기 시작했다. 얼마 지나지 않아 웹사이트도 열었고, 외교정책에 대해 신중을 기할 것과 폭력을 조장하기 전에 세계무역센터 공격의 근본 원인을 이해할 필요가 있다고 주장해온 평화재향군인회Veterans for Peace와도 접촉하게 되었다.

나의 의구심에도 불구하고 쉼 없이 일한 끝에 캠페인은 진전되었고, 더 많은 돈이 들어왔다. 이 결과는 상당부분 유미의 한결 같은 투지와 지치지 않는 노력 덕분이었다. 정말 기쁘게도 내 편지는 2001년 10월 9일 뉴욕 타임즈에 전면광고로 게재되었다.

광고는 즉시 엄청난 반응을 일으켰다. 라디오, 신문, 방송국으로부터 인터뷰 요청 전화가 빗발치고 내 생애 그 어느 때보다 관심과 인기를 누렸다. 당시 나는 두 달여를 인터뷰에 모든 시간과 에너지를 쏟았다.

그 이후로 유미와 다른 회원들은 글로벌 피스 캠페인을 발전시켜 나갔고, 나는 평화재향군인회의 정회원이 되었다. 우리는 모든 사람들이 안전하고 생활의 기본수요조건을 다 갖추고 살 수 있는 평화로운 세계를 만들기 위해 활동을 계속하고 있다.

MoveOn Tips

● 관심있는 이슈에 대한 캠페인 광고를 위해 기부하자. 작은 기부라도 그것이 모이면 큰 변화를 가져 온다. 2002년 말에 무브온은 뉴욕 타임즈에 "현지조사부터 실시하라"는 반전 광고를 게재하기 위해 회원들에게 35,000달러 모금을 호소했다. 한 주도 안 되어 평균 35달러의 기부로 400,000달러가 모였을 때 정말 놀랐다. 우리는 결국 그 돈으로 TV와 라디오 광고 제작 및 게재, 사인 광고, 지방신문 광고까지 하게 되었다. 우리 광고에 대해 언론에 실린 기사 또한 정말 멋졌다. 일반 시민도 힘을 합치면 매우 효과적으로 미디어 활동을 지원할 수 있다.

그렉 니스는 다문화교류주의 운동가이다. 그는 문화 배경이 다른 사람들 사이에서 상호이해를 증진시키고 조화롭게 같이 일할 수 있게 돕고 있다.

미디어 개혁에 참여하라
Reform the Media

바바라 다이아몬드 골딘, 57, 매사추세츠 노스앰튼

Barbara Diamond Goldin, 57, Northampton, Massachusetts

대학을 졸업하고 ROTC 복무를 마친 후에 내 딸과 사위는 2001
년 6월 군에 입대했다. 그때 나는 2년 후에 그 애들이 전쟁을 치르
는 이역만리 이라크에서 중위로 복무하게 될 거라고는 꿈에도 생
각지 못했다.

아이들을 걱정하는 엄마로서 전쟁보도를 보는 것이 중요한 내
일과였다. 하지만 제대로 된 뉴스를 알고 싶어 하는 보통 미디어
는 너무나 부족했다. 몇 마디로 줄어든 요점으로 끝나는 조각 보
도에 나는 속이 탈 뿐이었다. 무엇이 어떻게 되고 있다는 것인가?

미디어에 관해 사정이 밝은 몇몇 친구와 친척의 도움으로 나는
미디어에 대한 태도를 완전히 바꿨다. 이제 나는 라디오 애청자이
고 온더 미디어On the Media[16]나 데모크라시 나우Democracy Now[17]

---

16) 온더 미디어On the Media는 뉴욕의 공익라디오가 제작하고 있으며, 미
   디어의 변화상과 이것이 미국과 세계에 미치는 영향을 탐구한다.
17) 데모크라시 나우Democracy Now는 북미지역의 650개의 미디어 신디케
   이트이다. '전쟁과 평화 보고서' 등을 방영하고 있다.

와 같은 프로그램에서 뉴스를 찾는다. 라디오, 신문, 리스트서브 listserv, 특정 그룹 전원에게 메시지를 이메일로 자동 전송하는 시스템를 통해 이라크의 역사, 신보수주의자들의 군사전략 그리고 럼스펠드 국방장관의 미래 군사운용 계획 등 전반적인 상황을 파악할 수 있게 되었다. 열화우라늄 등 군인들의 건강에 위협이 되는 물질에 관해서도 알게 되었다. 이 모두가 우리 가족에게 영향을 미칠 수 있는 정보였다. 딸 부부와 통화는 할 수 없었고, 그나마 한두 통의 짧은 이메일과 느려터진 편지로만 소식을 주고받을 수 있었기 때문에 이러한 정보는 사랑하는 아이들이 이라크에 있다는 현실에 대처하는 데 많은 도움을 주었다.

나는 공정하고 심도 있는 보도를 좀 더 쉽게 접할 수 있으면 얼마나 좋을까 라는 생각을 하기 시작했다. 그것이 바로 미디어 개혁을 지향하는 단체인 프리 프레스Free Press[18]에 참여하게 된 계기이다. 매주 두어 시간씩 편지 봉투를 채워 넣고, 전단지에 주소표를 붙이고 쓸모없는 이메일 주소를 지우는 일을 한다. 또 무슨 다른 아무런 허드레 일이라도 내가 맡아서 한다. 미디어 규제가 필요하다는 목소리를 전하는 이 운동에 내가 도움이 되고 있다고 생각한다.

프리 프레스와 무브온 덕분에 공무원들에게 전화를 걸고 편지를 쓰기 시작했다. 처음 상원의원실에 전화를 걸었을 때는 완전히 얼었었다. 통화 중 신호만 나오다가 사람의 목소리가 나오자 겁에 질려서 할 말을 앞에 적어 두고도 무슨 말을 해야 할지 허둥댔다.

---

18) 프리 프레스Free Press는 2002년 창립된 비정파적인 미디어 시민단체이다. 이 단체는 가장 많은 미디어 관련 500,000명의 회원을 보유하고 있다. 미국 내에서 민주적인 미디어 정책운동을 전개하고 있다.

하지만 이제는 다양한 이슈에 관해 거침없이 전화를 걸고 있다.

2003년 미디어 규제에 대한 연방통신위원회 표결을 몇 주 앞두고 나는 다섯 명의 연방통신위원 모두, 백악관, 두 명의 우리 주 상원의원, 주의회 의원들에게 편지를 썼다. 그리고 연방통신위원회와 의회가 미디어 규제철폐에 반대하는 750,000통이 넘는 편지와 이메일을 받았다는 것을 알았을 때, 만약 규제철폐가 된다면 혜택을 받는 것은 미디어 재벌이지 일반 대중이 아니라는 것을 그 많은 사람이 강경하게 주장했다는 사실에 가슴이 뿌듯 했다.

풀뿌리 운동이 세상을 바꿀 수 있다. 가족이 이라크에 있다는 것이 무척 걱정스러운 것은 사실이지만, 이제는 적어도 거기서 무슨 일이 벌어지고 있는지 좀 더 잘 알게 되었다. 또 이 나라에서 무엇이 어떻게 돌아가는지도 이제 더 잘 안다. 정보를 얻게 되니 더 이상 캄캄한 어둠속에 있는 것 같은 느낌에서 벗어날 수 있었다. 또 정보를 통해 내가 원하는 변화를 증진시키는데 내가 할 일이 무엇인지도 알 수 있다.

MoveOn Tips

- 당신이 관심을 갖는 이슈에 대한 자기 메모와 신문 기사를 파일로 만들어 보관하자. 당신의 대표자에게 전화나 편지로 당신의 주장을 전달할 때 이 파일이 도움이 될 것이다.
- www.MoveOn.org, 프리 프레스www.mediareform.net 등 관련 조직에 가입하자. 현행 언론관련 법안에 대한 자료를 이메일로 보내 줄 것이고, 언제 의원에게 연락해야 하는지도 알

려 준다. 당신이 즉석에서 활용가능한 법안이나 결의문 번호, 전화를 걸 때 사용할 수 있는 대본도 보내 준다.

● 지역 대표에게 전화를 걸기 전에 하고 싶은 말을 메모하자. 의원보다는 보좌관에게 연결될 가능성이 높지만 전화를 건 사람의 생각은 선출된 이들에게 전달될 수 있고, 비싼 광고 비용을 아낄 수 있다.

바바라 다이아몬드 골딘은 작가이며 도서관 사서다.

당신의 미디어를 만들어라
Make Your Own Media

시릴로 후아레스, 43, 캘리포니아 로스 앤젤레스

Cirilo Juarez, 43, Los Angeles, California

얼마 전 평화에 관한 한 포럼에서 "미국 대외정책에 대해 배워 온 것들What I've Learned about U.S. Foreign Policy"이라는 영상물을 보았는데 정말 충격적이었다. 토론이 뒤따랐는데 이런 내용을 미디어에서는 보도하지 않는다는 사실과 미디어가 정보조작의 선수라는 지적들이 나왔다. 사회자는 자기 미디어를 갖는 수밖에 없다고 말했다. 그 순간 나는 이 문제에 대해 당당하게 맞서 싸우기로 결심했다.

시청자제작 방송프로그램public access이라는 것이 있다는 것은 알고 있었지만, 케이블이나 위성TV가 없었기 때문에 그때까지는 정치적 수단으로 TV를 이용한다는 것이 내게는 손에 잡히지 않는 방법이었다. 그 순간까지는 말이다.

한때 AIDS 단체의 일원이었을 때 내 업무는 아니었지만 시청자제작 방송프로그램을 통해 AIDS 관련 프로그램을 방영했던 것이 기억났다. 1996년부터 내가 회원으로 있는 버스승객조합Bus Rider's Union을 선전하고 싶었는데 절호의 기회가 찾아온 것이었다.

어디서부터 시작해야 할지, 누구와 접촉해야 할지, 무엇부터 해야 할지도 몰랐지만 하여간 방송채널에 접근해야 한다고 생각했다. 시청자제작 방송프로그램에 짧은 프로그램이라도 들어가 보는 것이 중요하다고 생각했다. 이런 방송국들은 방송범위가 몇 개 소도시로 제한되어 있다. 여기저기 문의해 본 결과, 시청에 전화하면 된다는 것을 알게 되었다. 시청에 전화를 걸고 시청자제작 방송프로그램 관련 부서에 연결해 달라고 한 뒤 담당자와 연결되면 일이 시작된 것이나 마찬가지다.

시청 직원들은 TV스튜디오가 있는 어떤 고등학교를 소개해 주었다. 나는 방송실 관리자에게 필요한 정보를 얻은 후 바로 프로그램에 전화등록을 하였다.

8월말 시청자제작 방송프로그램 워크샵을 위한 사전회의에 갔는데, 거기서 프로그램 제작자이자 감독이 될 수 있는 방법을 배울 수 있어 흥미진진했다. 워크샵은 여섯 세션으로 진행되는데 과정을 모두 마치면 비디오제작 자격증video production certification을 받을 수 있다.

내가 만든 쇼의 구상까지도 해 놓았다. "Get on the Bus"라는 제목으로 추구하는 목적도 분명하고 의미도 깊은 쇼로 만들 작정이다. 버스승객조합의 역사, 투쟁, 전략, 성과들에 초점을 맞춰 LA 교통정책이 갖고 있는 인종차별적 요소에 대해 이야기하고 몇몇 커뮤니티의 이슈들도 함께 다루려 한다. 정치적 사건과 관심사, 지역과 국가, 세계 그리고 토론을 위한 다양한 정보와 주제들에 대해 두루 다루고 싶다. 그리고 음악을 통해 사회변화와 정치적인 문제들도 다룰 계획이다.

TV 프로그램 제작이 대단한 것 같지만 사실은 그렇지도 않다.

다른 모든 것이 그러하듯 배우고 나면 별게 아니다. 카메라 조작도 복잡할 것이 없었다. 제작에 참여했던 쇼가 하나 방송되었는데 엔딩자막에 내 이름이 올라가는 것을 보니 정말 흥분되었다.

나는 워크샵을 거쳐 조명, 편집, 촬영 등을 배우고 있다. 지금은 경험을 쌓고 있는 중이므로 작은 스팟 뉴스를 찍게 될 것이다. 그렇게 되면 쇼를 위한 제안서를 제출할 자격이 생긴다.

시청자제작 방송프로그램은 주류 미디어가 다루지 못하는 목소리와 영상을 보여 주는 멋진 기회가 될 것이다. 당신의 의견도 방송을 탈 수 있다. 한번 도전해 보자!

MoveOn Tips

- 무엇보다 먼저, 당신이 제시하고 싶은 메시지, 생각, 정치적 견해가 있는지 명확히 하라.
- 당신의 메시지를 어떤 형식으로 만들지 결정해야 한다. 코미디, 연극형으로 할 것인지 아니면, 토론형식 또는 사실, 숫자, 통계 발표 형식을 취할 것인가 등.
- 사람들의 호기심을 자극할 수 있도록 쇼에 멋진 이름을 붙여라.
- 시청(또는 지역구청)에 전화로 시청자제작 방송프로그램이 있는지, 어떻게 참여할 수 있는지 알아보자. 그리고 자기 쇼를 직접 만들고 싶다고 말하라.
- 시청에 (방송)제작 교육 프로그램이 있다면 즉시 등록해 훈련을 하자. 일자리로 연결되는 자격을 얻을 수 있을지도 모른다.

- 당신의 프로젝트에 시간과 노력을 투자하라.

- 다른 사람에게 도움을 청하라. 누구도 혼자선 할 수 없다. 지역 단체와 대화를 나누어 보면 그 중에는 당신의 쇼에 참여하고 싶어 하는 단체도 있을 것이니 우선 연대를 형성해라.

- 농민협회the United Farmer's Union의 구호를 잊지 마라!Si, se Puede! 그렇다. 하면 된다!Yes, We Can!

시릴로 후아레스는 멕시코에서 이민 와서 1988년에 미국 시민이 되었고, 정치 활동가로 활동하고 있다. 1996년부터 버스승객조합 회원으로 맹활약 중이다. 부동산 계약 관련 공증인으로 일하고 있다.

독자란에 투고하라
Write an Op - Ed Piece

엘리즈 우즈, 62, 웨스트 버지니아 헤지스 빌

Elise Woods, 62, Hedgesville, West Virginia

우리 지역신문은 매년 칼럼리스트로 활동할 여덟 명을 지역에서 선발한다. 선발된 사람들은 일 년 동안 4주마다 사설란에 글을 쓴다는 약속을 한다. 나는 얼마 전 공지를 보고 지원하기로 결심했다. 분명 내겐 할 말이 있었다.

지역신문 칼럼니스트로 선발되었을 때 편집국 직원은 내가 관심을 갖는 일이면 무엇이든지 써도 된다고 했다. 첫 번째 칼럼은 일종의 맛보기로 독자들에게 나를 알리는 글이었다. 그 글을 쓰면서 나는 어쩐지 마음이 편치 않았다. 곰곰이 생각해 보니 그것은 사람들의 시선에 노출되는데 대한 두려움이었다. 사람들이 내 생각을 비판적으로 보고 부족한 점이나 잘못을 찾아내는 것은 아닐까? 어쩌면 내 의견에 강경하게 반대하는 나머지 내 칼럼을 중지시키지는 않을까? 나는 독자들이 어떻게 반응할지 걱정이 되기도 했지만, 다른 사람들이야 어떻게 생각하거나 상관하지 말고 내가 하고 싶은 이야기를 쓰는 수밖에 없다고 마음먹었다.

내 칼럼이 처음 실린지 얼마 지나지 않은 2003년 1월 18일 워싱턴DC에서 열린 평화대행진에 참가했는데 다음 달 2월 칼럼에는 이 행진에 대해 써야겠다고 생각했다. 나는 지역주민 상당수가 맹목적으로 전쟁을 수행하는 군부를 지지하고 있다는 것을 알았다. 내가 기고하는 지역신문은 이름 없는 전쟁영웅들에 대한 장기 기획보도를 연재하고 있었고 상당히 보수적인 논조였다. 행진참가 경험과 참가이유에 대해 글을 쓰면서 독자들이 나의 눈과 귀를 통해 그 행진을 볼 수 있도록 해야 한다고 생각했다. 나는 내 글이 어떤 행위나 정책을 판단하거나 비난하게 되기를 원하지 않았다. 비난이나 재단하는 글일수록 독자를 멀어지게 만들 뿐이니까.

나는 정성을 다해 글을 썼고 내가 생각했던 것보다 훨씬 더 하고 싶었던 말들을 담았다. 내가 참여하게 된 동기에 대해 얘기하고 수많은 사람들과 함께 같은 방향으로 시위행진하면서 느낀 바를 솔직하게 썼다. 내가 거기서 보고 들은 모든 것에 동의하지는 않는다는 사실도 언급했다. 그리고는 독자들의 반응을 기다렸다.

단 한 명의 독자가 내 칼럼에 대한 글을 보내왔다. 그는 내 글에 전혀 동의하지 않지만 내 주장을 펼칠 나의 권리는 자기도 옹호해 주겠다고 했다. 놀랍게도 단 한 통도 성난 반응은 없었다. 아마도 내 자신을 솔직하게 표현했기 때문일 것이다.

얼마 전에 우체국에 가는 길이었는데 본적도 없는 한 여성이 길을 건너 내게로 왔다. 내 이름을 부르며 (칼럼에 인쇄된 사진으로 나를 알아보았던 모양이다) 인사를 하고 자신과 남편이 내 칼럼을 모두 읽는다고 했다. 그녀는 "참신한 다른 의견"을 보여주는 것이 얼마나 감사한지 모른다고 말했다. 나 역시 그녀에게 감사하다고 말했다. 우체국으로 향하며 내 얼굴엔 미소가 번져갔다.

MoveOn Tips

- 독자투고나 편집자에게 보내는 편지를 자기의 신념에 책임을 지고 개인적인 차원에서 문제에 접근하면 생각이 같지 않은 독자라도 연관성을 느낄 수 있다.

- 남의 마음을 바꾸려 하지 마라. 그들 스스로 그렇게 해야만 한다.

- 글을 간결하게 써라. 기사나 편지를 보내기 전에 다른 사람에게 읽어 보도록 해라.

- 글을 쓸 때 독자들과 이야기 하고 있다는 사실을 기억해라. 비록 그들을 개인적으로 만나본 일이 없다 하더라도 말이다.

- 글을 한 군데 이상의 신문에 보내도 된다. 하지만 다른 신문사에서도 당신의 글을 실을 것을 고려하고 있다는 것을 알려주어야 한다. 여러 군데 글을 보내는 것은 좋은 전략일 수도 있다. 좋은 글을 잡기 위해 재빨리 기사를 인쇄하도록 자극할 수 있다.

- 원고를 보내고 나서 전화하는 것은 매우 중요하다. 신문사는 수백 통의 투고문을 받고 지면은 부족하다. 통화가 되면 당신의 글이 독자들의 관심을 끄는 이슈에 대해 적절하고 통찰력 있는 의견을 펼친다는 사실을 언급하라. 어째서 이 글이 뉴스거리가 되는가? 이 질문에 대답하면 된다.

- 당신의 글에 대해 누가 화를 내거나 비판적인 반응을 보인다고 해서 인신공격으로 오해하지 마라.

- 신문의 독자편지란이 아니라 사설란에 당신 글이 실리면 그것은 당신이 칼럼니스트 취급을 받았다는 뜻이다. 종종 시사성 있는 주제를 다룰 때 객원칼럼guest columns을 사설란에

게재한다. 지역신문에 객원칼럼이 실리는지 알아보고 적시
성 있는 주제를 골라 칼럼으로 제출해 보라.

엘리즈 우즈는 웨스트 버지니아의 쉐퍼드타운의 Business Technology
Source의 공동소유자이다. 그녀는 고등학교 때부터 온라인과 오프라인에
서 계속 글을 써왔다.

독서클럽을 시작하라
Start a Political Book Club

카렌 보리스, 35, 하와이 마카와오
Karen Bouris, 35, Makawao, Hawaii

우리 독서클럽 사상 가장 뜨겁고 활발한 토론이 있었는데, 그것은 모성과 아동보호의 경제학에 관한 책을 읽고 나서였다. 우리 다섯 명은 모두 어린 아이들을 둔 전문직 직장인들인데, 이번에 읽은 책은 가장 아픈 곳을 건드렸고, 이 책을 읽으며 생각난 것, 느낀 것을 모두 토론해 보고 싶었다. 몇 명은 형광펜으로 주요한 곳에 표시를 해오기도 했다. 우리 중 한 사람만 책을 다 못 읽어 왔는데 그녀는 출산한 지 며칠 안 되었기 때문이었다.

보통 책의 내용과 각자의 일상에 대한 얘기를 하면서 한두 시간이면 끝나던 클럽이 저녁 늦게까지 그치지 않는 토론으로 연장되었다. 우리는 가사부모에게 부여되는 사회보장금, 과세제도, 아동보육보조금 등의 문제로 시간가는 줄 모르고 토론했다. 또 가족 및 의료휴가법, 가족 이슈를 알고 있는 정치인들 그리고 아이를 가진 여성으로서 직장에서 겪는 일 등에 대해 토론했다. 대부분의 엄마들처럼 우리도 잠을 무엇보다 중요시한다. 그러나 이번 미팅은 주중임에도 불구하고 밤 11시 30분까지 이어졌다.

책은 강력한 스승이다. 논픽션은 정치이슈에 대한 호기심을 해소해 주었고, 여러 가지 정보와 사상을 알게 만든다. 소설을 통해 나는 이민자들의 생활 또는 19세기 노조원들의 고통스러운 생존경쟁에 대하여 좀 더 깊이 이해하게 되었다. 북아프리카에서 벌어지는 상상조차 힘든 여성에 대한 "성인의례(할례)"를 알았다. 책을 통해 중서부에 있는 쇠고기 식품공장도 돌아보았고, 다차우 Dachau 캠프에서 일어난 악랄한 사건도 알았다. 한때 즐거운 내용의 책만 읽는 독서클럽에 가입한 적이 있는데, 마치 차를 타고 도시의 좋은 동네만 돌아보고 마는 것 같은 느낌이었다. 그 클럽의 사람들은 지저분하고 문제 많은 동네는 지나가지도 않으려 했다. 하지만 문제가 있는 지역과 시절은 실제로 존재한다. 우리 동네와는 상관이 없고 우리의 삶과 직접적으로 맞닿지 않는다 하더라도 말이다. 책은 우리를 그들에게 소개해 주고 불을 밝혀주며, 우리로 하여금 그것이 아름답기도 하고 추악하기도 한, 다른 현실을 이해하게 인도해 준다. 책은 친구들 간에 열정적인 토론을 북돋아주고, TV를 보며 빠져들게 되는 무감각증에서 우리를 일깨워주고, 책임 있는 행동을 할 수 있게 해준다.

우리 독서클럽의 토론은 행동으로 이어졌다. 나는 그 토론의 후속작업으로 책을 쓰게 되었다. 준비되고 평등한 부모의 역할을 어떻게 할 것인지에 대한 가이드북을 출간했다. 또 우리 회원들이 처음으로 시간제 직장인에게도 장기 재정계획이 필요하다는 사실에 눈을 뜨게 해 주었다. 다양한 자녀양육과 아동보호 시나리오를 지원하는 공공정책을 새롭게 검토하는 열성도 생겼다. 새로운 형태의 봉사활동을 고무했다. 책과 우리 토론이 내 인생의 진로를 바꿔놓았다. 책은 세상을 바꿀 수 있다.

MoveOn Tips

- 정치를 다룬 논픽션과 픽션에 초점을 맞춘 독서클럽을 시작해 보자. 대화를 이끌어내고 행동을 유발하는 아주 좋은 방법이다.

- 초기에 모임의 분위기와 해야 할 일을 정하라. 모임이 다양한 정치 이슈를 탐구하기를 원할 수도 있지만 어떤 특정 현안에 초점을 맞추고 싶어 할 수도 있다.

- 대화를 역동적이고, 균형 있고, 서로 존중하는 분위기로 이끌어 갈 수 있는 노련하고 수완 좋은 진행자를 선정해라.

- 모든 참가자들에게 한 사람 한 사람의 의견에서 배울 점이 있다는 것을 상기시켜라. 각기 실제 경험에서 우러나온 것이기 때문이다. 서로의 현실을 경청하고 이해하도록 노력해라.

- 정치 사회적 이슈를 탐구할 수 있는 유용한 책을 찾아내기 위해 버클리대 아서 블라우스타인Arthur Blaustein의 Make a difference와 같은 참고문헌을 이용해라. 그가 선정한 소설 리스트 몇 개를 제시한다.

Bastard out of Carolina by Dorothy Allison
Another Country by James Baldwin
The Memory of Old Jack by Wendell Berry
The House on Mango Street by Sandra Cisneros
Love Medicine by Louise Erdrich
Mean Spirit by Linda Hogan
The Rain God by Arturo Islas
Ironweed by William Kennedy
The Woman Warrior by Maxian Hong Kingston
Born by Faye Ng
My Year of Meats by Ruth L. Ozeki
Machine Dreams by Jayne Anne Phillips

카렌 보리스는 Inner Ocean 출판사의 공동발행인이며 *Just Kiss Me and Tell Me You did the Laundry : A Couple's Guide to Negotiating Parenting Roles*의 저자이다.

무브온이 권하는 미디어
MoveOn's Suggested Media Sources

MoveOn Tips

〈인터넷〉
- Google News (http://news.google.com)
- Common Dreams (www.commondreams.org)
- Salon (www.salon.com)
- Alternet (www.alternet.org)
- Tom Paine (www.TomPaine.com)
- ZNet (www.zmag.org)
- Independent Media Center (www.IndyMedia.org)
- Free Press's News Headlines (www.mediarefrom.net)
- The Daily Howler (www.dailyhowler.com)
- Progress Report (www.americanprogress.org)
- FAIRFairness and Accuracy in Reporting(www.fair.org)
- MediaChannel's Media Savvy listserr (www.mediachannel.org)
- Truth Out (www.truthout.org)
- Free Speech TV (www.freespeech.org)

〈라디오〉
● National Public Radio (www.npr.org)
● Pacifica Radio (www.pacifica.org)
● Alternative Radio (www.alternativeradio.org)

〈신문 · 잡지〉
● Christian Science Monitor (www.csmonitor.com)
● Mother Jones (www.motherjones.com)
● The Economist (www.economist.com)
● The Nation (www.thenation.com)
● New York Times (www.nytimes.com)
● Washington Post (www.washingtonpost.com)
● The Weeek (www.theweekmagazine.com)

〈해외뉴스〉
● BBC News (http://www.bbc.co.uk)
● World News Network (www.wnnetwork.com)
● World Newspapers (in English) (www.worldnewspapers.com)
● International Herald Tribune (www.iht.com)
● Guardian (www.guardian.co.uk)

〈더 읽을 거리〉
● 의견페이지, 검색가능한 사설 모음, 수백여 개 신문 · 잡지
  에 게재된 논평 모음 사이트 (www.opinion-pages.org)
● Diplomacy Monitor, 다국어가 지원되는 전세계 온라인 외교성
  명, 보도자료, 관련 공식문서의 원자료들 (http://diplomacy
  monitor.com)
● 미국 및 전세계 연설문 원자료인 히스토리 채널(www.
  historychannel.com/speeches)

서론 / 낸시 팰로시

편지로 정치인과 소통하라

지지하지 않은 의원과도 대화하라

공정선거를 위해 노력하라

선거 자원봉사를 하라

선거운동을 주도적으로 이끌어라

지지후보를 위해 거리로 나가라

필요하다면 출마도 한 방법이다

정치자금을 기부하라

선거를 지원하는 모임을 만들어라

캠페인 노하우를 훈련하라

다양한 커뮤니티에 참여하라

주민대표가 되어 봉사하라

새로운 아이디어를 운동에 접목하라

IV.

당신이 만드는 정치

Political Action Is Personal

서론
Introduction

넌시 팰로시, 2007 미국 하원의장
Nancy Pelosi, House Democratic Leader

내가 16년 동안 미국 하원에서 일한 경험으로 볼 때, 의원들에게 자기 선거구민들의 목소리보다 더 무서운 것은 없다. 선출직 인사—지역구 하원의원이나 상원의원—에게 편지 쓰고, 전화하고, 팩스 보내고, 이메일 보내고 그리고 만나서 의사소통하는 것은 민주주의 제도의 핵심이다. 당신들은 우리의 고용주다. 우리는 당신이 하고 싶은 말이 무엇인지 알고 싶을 뿐만 아니라 몰라서는 안 되는 사람들이다.

나는 샌프란시스코시 대부분을 대표하는 축복받은 역할을 맡고 있다. 샌프란시스코는 오랜 열렬한 정치적 행동주의political activism의 역사를 가지고 있고, 그 전통은 지금까지 계속되고 있다. 매주 나의 사무실로 전달되는 방대한 분량의 의견들은 내 지역구가 이 나라에서 가장 활동적인 곳 중의 하나라는 것을 증명한다. 나는 운이 좋아 지역구민의 의견을 늘 접하는 혜택을 받으며 활동하고 있다. 당신들의 의원들도 같은 혜택을 받을 자격이 있다.

여기 실린 글들이 명확히 설명하는 것과 같이, 당신 지역의 의원들도 마찬가지로 당신의 목소리를 경청하고 대답할 것이다. 당신의 의견에 모두 동의하지는 않을 수도 있지만 (또 당신이 그들의 의견을 바꾸지 못할 수도 있지만) 당신의 견해를 알고 싶어 하는 것은 마찬가지다. 바로 이 때문에 나는 여태껏 조용했던 보통 사람들을 정치 영역으로 끌어들이면서 무브온이 일으킨 행동주의를 보고 한없는 기쁨을 느끼는 것이다.

우리 나라를 위대하게 만드는 중요한 요소는 우리 시민들의 아름다운 다원성과 견해의 다양성이다. 만약 우리가 견해를 표현하지 않는다면, 국가적인 토론에서 우리의 다양한 경험과 의견이 담고 있는 탁월한 요소들이 채워지지 못한다는 것을 의미한다. 더 나은 미래를 이루어 나가는 일에 공헌하는 기회를 스스로 거절하는 것이나 마찬가지다.

각 세대는 다음 세대를 위해 더 나은 미래를 만들어야 할 책임을 가지고 있다. 우리 각자가 우리의 임무를 다할 의무가 있다. 더 나은 미래를 위해 우리가 어떻게 기여해야 하는지는 개인적인 결정이다.

영국 낭만주의 시인 퍼시 비쉬 셸리Percy Bysshe Shelley는 도덕적인 선moral good을 받드는 가장 강대한 힘은 상상력이라고 썼다. 우리 나라가 직면하고 있는 온갖 문제들 앞에서 우리에게는 동원할 수 있는 모든 상상력이 필요하다. 새로운 방법으로 사고를 전개해 나가는 상상력. 타인의 입장에서 볼 수 있는 상상력. 사물을 다른 관점에서 보려고 시도해 보는 상상력. 민주주의 과정에서 실천의 일부가 되고 기꺼이 모험을 시도하는 상상력. 우리 모두가 자신의 온갖 잠재력을 활짝 키울 수 있는 그런 사회를 만들기 위한 상상력.

우리 사회에는 새로운 아이디어가 필요하다. 의회 역시 새로운 아이디어가 필요하다. 그리고 참신한 생각의 가장 좋은 원천은 참신한 두 눈, 즉 상상력으로 가득 찬 당신의 두 눈이다.

　당신의 위력을 깨달아라. 전화하고, 글을 쓰고, 팩스와 이메일을 보내고 지역 의원을 만나라. 당신의 의견을 의원들이 알게 만들어라. 당신의 아이디어와 상상력을 알려 주어라. 다양한 관점이 세상에 오르도록 만들어라. 그래야만 비로소 우리는 다음 세대를 위해 보다 밝고, 좋은 미래를 만들 수 있을 것이다.

낸시 펠로시는 민주당 연방하원의원으로서 17년 동안 의회에서 샌프란시스코를 대표해 왔다.[19]

---

19) 낸시 펠로시는 민주당 원내대표 활동을 열정적으로 수행했고 2007년에는 마침내 연방 하원의장이 되었다.

편지로 정치인과 소통하라
Write Letters to Congress That Work

아리 멜버, 23세 워싱턴 시애틀

Ari Melber, 23, Seattle, Washington

·

나는 9살 때 처음으로 시애틀 시장의 편지를 받았다. 그때 나의 이야기가 시장에게 전달될 줄은 미처 몰랐다. 난 단지 한 유권자 (내 아버지)를 설득하는 일에 집중했을 뿐이었다.

나는 시애틀 시장선거에 당연히 관심이 없었지만 부모님은 누가 더 나은 후보자인지에 대해 논쟁을 펼쳤고, 나는 그 논쟁에 한 몫 끼고 싶었을 뿐이었다. 그래서 노옴 라이스Norm Rice 후보를 선택한 어머니에게 힘을 실어주기로 결정했다. 나는 매직펜으로 이웃에서 본 것들과 비슷하게 포스터를 만들었다. 커다란 글자로 "노옴Norm"이라고 흘겨 쓰고, 캐치프레이즈도 적었다. 그런 다음 저녁식사 전 아버지 식탁 매트 위에 작은 포스터를 올려두었다.

부모님은 내가 만든 정치홍보물을 보고 감동은 했지만 아버지는 동요하지 않았다. "노옴 라이스, 그가 우리의 시장이다!"라고 마지막에 써 놓은 구호도 아버지 마음을 돌리지는 못했다. 그날 저녁 부모님들은 충실한 시민의 의무를 다하러 투표소를 향했고, 각자 다른 후보에게 투표를 했다.

며칠 후, 어머니는 내게 노옴 라이스가 이겼다고 말하셨다. 어머니는 내가 만든 포스터를 시장 사무실에 보냈다는 말은 하지 않았다. 몇 주 뒤, 나는 시장이 내게 쓴 편지를 받고 깜짝 놀랐다.

생일 때 받는 일상적인 편지 말고는 아무에게도 편지를 받은 적이 없었다. 더구나 시장에게서 편지를 받다니. 노옴 라이스는 나의 노력에 고맙다고 하면서 "내 선거캠페인 동안 너는 어디에 있었던 거니?"라고 농담을 건네기도 했다. 나는 흥분을 감출 수가 없었다. 편지를 코팅해서 다른 아이들에게 자랑스럽게 보여 주었다.

13년 후, 내 직업은 의원들에게 오는 편지를 읽는 일이다. 상원의원 입법보조원으로 일하면서 수천 통의 편지를 읽었다. 어떤 사람들은 자기 이야기나 희망을 알려 주는 편지를 쓰고 어떤 사람은 어떤 정책을 옹호하기도 하며, 또 다른 사람들은 실망스러운 일을 늘어놓기도 한다.

많은 유권자들은 그들이 편지를 쓰면 뭐가 달라지는지 묻는다. 또 누가 자기 얘기를 듣고 있는지 궁금해 한다. 편지 한 장이 무엇을 어떻게 하지는 못 하지만, 한 가지 정책을 지지하는 편지가 많은 사람에게서 오면 그것은 특정한 그 문제에 관해서 확실히 영향을 미칠 수 있다.

나의 가족은 항상 공적 이슈에 대해 토론한다. 따라서 그 때 시장의 감사편지를 안 받았더라도 나는 분명히 정치와 관련된 일을 하고 있을 것이다. 하지만 그 편지 사건으로 내가 자극을 받았고 정치란 사람들 사이에서 일어나는 관계와 논쟁에 대한 것이라는 것을 알게 해 주었다. 몇몇 동료들의 생각과는 달리 나는 우리의 민주주의가 만질 수 있을 정도로 가까운 곳에 있으며, 누구나 참여할 수 있고, 신나는 제도라고 본다. 아무튼 나는 2년 동안 정치 분야에서 일을 했지만 라이스 시장으로부터의 편지는 상호 교감의 가장 짜릿한 경험으로 남아 있다.

MoveOn Tips

- 틀에 박힌 형식적인 편지를 복사하기 보다는 개인적으로 편지를 쓰는 것이 가장 효과적이다.
- 확실한 목적을 갖고 시작하고, 이슈에 대한 지식을 보여줘라. 할 수 있다면 개인의 경험을 활용하라. 예를 들면, "나는 의원님이 올해 시설이 부족한 학교 보조기금을 6% 증가시키는 것을 지지하기를 간청합니다. 아시다시피, 그 기금은 존슨 카운티Johnson County의 에머슨중학교 같은 가난한 동네 애들이 다니는 학교에서는 절대적인 역할을 하는 기금입니다. 학급 학생 모두에게 줄 책도 모자라는 에머슨중학교 선생님도 존재합니다…"
- 만약 당신이 과거에 그 의원 사무실이나 관계자와 연락을 취했던 일이 있으면 편지에 그 일을 언급하라.
- 진심을 다해 편지를 써라. 가능하면 유머나 일상의 일을 편지에 담아라. 사람마다 다른 스타일을 갖고 있으므로 여기에 정답은 없다. 파격적이거나 마음에서 우러나온 편지가 이목을 끌고 훨씬 빨리 선발되는 것은 사실이다.

아리 멜버는 미국 상원의 교육과 외교정책분야 입법부서에서 보조원으로 일한 경력이 있다. 그는 2004년 미국 대선 때 아이오와에서 현지 조직 담당자로도 활동했다.

지지하지 않은 의원과도 대화하라
Talk to the Officials You Didn' t Elect

케릴 비겐호, 66, 캘리포니아 시미 밸리
Caryl Bigenho, 66, Simi Valley, California

1999년, 남편과 나는 친척 결혼식에 참석하기 위해 워싱턴DC로 여행을 계획하고 있었다. 우리는 며칠간 더 머물며 수도를 관광하기로 했다. 캘리포니아를 떠나기 전 하원의사당 방문 티켓을 예약하기 위해 우리 지역 연방하원의원인 엘튼 갤레글리Elton Gallegly 의 사무실에 전화했다.

전화 통화를 하면서, "지역구민에게만" 보여 주는 특별 투어가 있는지, 갤레글리 의원과 만날 수 있는지 물어 보았다. 갤레글리는 매우 보수적인 공화당 의원이었기 때문에 우리는 그와 어떤 토론이 가능할지 사실 회의적이었다. 그러나 기회가 주어졌고 시도해 보기로 결정했다.

공교롭게도 국가부채에 시달리는 극빈국가를 구출하자는 세계적인 "주빌리 2000Jubilee 2000"[20] 캠페인 행사가 우리 방문기간에 진행되었다. 종종 세계 최빈국들은 국가 소득의 대부분을 부채이

---

[20] 주빌리2000은 빈곤국의 채무 해결을 위해 노력하고 있는 국제 비정부기구INGO 연합체이다.

자 갚는데 쓰게 된다. 가난한 국가의 부채를 부분적으로 감면해 주는 법안이 의회에 대기 중이었다. 우리는 주의를 끌만한 이 이슈를 의원에게 제기하기로 했다.

먼저, 집을 떠나기 전 인터넷으로 법안에 대해 조사했다. 워싱턴 DC에 도착한 다음 주빌리2000 사무실을 방문하여 캠페인에 대한 설명을 더 듣고 관련 자료도 받았다. 이처럼 준비를 단단히 하고 우리는 관광과 하원의원 방문을 목적으로 의사당으로 향했다.

투어를 마치고, 우리는 의원 사무실로 안내되었다. 우리 소개가 끝나자 의원은 우리가 특별히 관심 갖고 있는 이슈가 무엇인지를 물었다. 우리는 그에게 최빈국들의 부채를 줄이기 위한 법안 투표에 대해 입장이 무엇인지 물었다. 그는 이 안건에 대해 자기는 잘 알지 못한다면서, 우리에게 자세히 알려 달라고 했다.

우리는 그에게 안건이 무엇인지 설명한 뒤 주빌리2000 사무실에서 가져온 자료도 주었다. 그는 이 법안에 대한 얘기를 해 주어서 고맙다고 하면서 보좌관에게 조사를 시키고 더 관심을 갖겠다고 약속했다. 후에 이 법안은 통과되었고 그는 찬성 투표했다.

의원들은 의회 회기 중 엄청난 분량의 법안이 상정되기 때문에 어쩔 줄 모르게 바쁘게 지내는 것이 보통이다. 보좌관과 선거구 주민들의 조사 결과에 의존하는 수밖에 없다. 무엇보다 의원들은 법안 하나하나에 대해 잘 알지 못 하는 수가 더 많다. 의원이 당신과 정치 성향이 다르더라도, 당신이 중요하게 생각하는 이슈에 대해 그의 관심을 돌릴 수도 있다. 당신이 그에게 투표했던 아니던 간에 그는 공식적으로 당신의 대표로서 봉사하기 위해 존재한다.

MoveOn Tips

- 의원과 약속시간을 잡아라. 대부분 당신의 지역에 사무실이 있으므로 워싱턴DC까지 갈 필요 없이 만날 수 있다.

- 만약 의원이 당신과 직접 만날 수 없다면, 보좌관을 대신 만나도 좋다. 그 보좌관이 당신이 관심 있는 이슈와 관련된 분야에서 일을 하거나 문제를 잘 알고 있는 사람인지 사전에 확인하는 것이 좋다.

- 회담장소에 가기 전에 자기가 얘기하고자 하는 이슈에 대하여 공부를 충분히 하고, 의원에게 줄 자료도 준비하라. 정부 간행물은 매우 효과적이다. "공식적"인 정보이기 때문이다. 연방정부 출판물 카탈로그 웹사이트Catalog of U.S. Government Publications(www.gpoaccess.gov)를 보면 연방 정부기관에서 발행한 전자 간행물 중 어떤 자료를 출력할 수 있는지 알 수 있다.

- 비록 당신이 의원과 의견이 다르더라도 예의를 갖추어라. 만나 준 것에 대한 감사인사를 하면서 이슈에 대해 다시 언급할 수 있다. 당신의 입장을 지지하는 투표를 했으면 다시 한 번 감사 편지를 써라.

케릴 비겐호는 로스앤젤레스에서 30년 공립학교 교사, 카운슬러로 일한 후 은퇴했다. 그녀는 현재 환경정의를 옹호하는 시민운동을 하고, 이에 대한 집필도 하고 있다.

공정선거를 위해 노력하라
Support Clean Elections

롤라 보안, 73, 애리조나 선 시티

Lola Boan, 73, Sun City, Arizona

초등학교 교직에서 은퇴한 후, 여성유권자연맹League of Woman Voters에서 활동하게 되었다. 노스웨스트 마리코파 카운티 연맹 Northwest Maricopa County League 회원들과 함께 주와 지방 그리고 연방정부 공직자들을 감시하는 일을 했는데, 대부분은 은퇴한 사람들이다.

1996년, 워싱턴DC에 본부를 둔 비영리단체인 퍼블릭 캠페인 Public Campaign의 사무국장인 닉 니하트Nick Nyhart의 지원을 받고 "공정한 선거 시민발의안Clean Elections Initiative"을 작성하기 위해 "공정한 선거를 위한 애리조나인 모임Arizonans for Clean Elections" 이란 단체를 결성했다. 많은 이들이 애리조나의 선거캠페인 자금 제도개혁이 반드시 있어야 한다는 것을 절실히 느끼고 이 모임에 동조하는 단체도 있었고, 개인적으로 참여하는 사람들도 있었다. 공정한 선거캠페인의 초기 목표는 정치에 미치는 큰 손big money 의 영향력을 억제하자는 것이다.

우리가 제안한 '자발적인 선거캠페인자금'에 동의하고 참여하는 후보자들은 의원선거에서 총 2,500달러, 주지사선거 총 40,000 달러까지 모을 수 있고, 정치기부금 허용한도를 개인 당 110달러를 넘지 않도록 지키는 것이었다. 또한 후보자들은 일정한 수의 개인들로부터 5달러씩 기부금을 모으고 그것을 토대로 공공자금을 받을 수 있는 자격을 갖게 된다. 주 전체 후보자들은 오직 주내에서 기부금을 얻을 자격이 있고, 의원 후보자들은 그들의 선거구로부터만 모을 수 있다.

공정한 선거펀드Clean Elections Fund의 자금은 여러 출처로부터 나온다. 시민들의 벌금과 범칙금, 세금공제 대상 시민들의 기부 그리고 후보자들에 의해 모아진 5달러의 기부금들이다.

애리조나 여름의 삼복 더위에, 공정한 선거 시민발의를 위해 필요한 서명을 모으는 것은 이만 저만 고생스러운 일이 아니었다. 그러나 많은 자원봉사자들이 참여했다. 시민발의안은 1998년 투표에 붙여졌고, 가까스로 승리했다. 우리는 날아갈 듯 기뻤다!

공정한 선거를 위한 시민발의안이 통과된 이래, 몇 번 무효소송을 받았으나 그때마다 이겨서 이 발의안은 아직도 건재하다. 일부에서는 공정한 선거법의 재원을 막으려는 시민발의안이 돌아다니고 있어 2004년에 투표안건으로 될 가능성도 있다. 그러나 공정한 선거법은 여전히 선거민과 후보들 사이에서 지지되고 있다. 법은 투표자와 후보자 모두에게 보편적이다. 애리조나의 1998년과 2002년 주지사와 의원선거를 비교해 보면, 2002년 선거에 비해 후보자 수가 24% 증가했다. 주의회 자리를 위한 경쟁은 두 배가 되었고 양당이 주 전체 모든 선출공직에 후보자를 출마시켰고, 투표율은 예비선거에서 27%, 총선에서 23% 증가했다.

다른 주에서 심지어는 외국에서도 애리조나의 '공정한 선거법'

을 배우러 사람들이 찾아온다. 여성유권자연맹과 다른 시민 조직들은 좀 더 개괄적이고 효과적인 선거캠페인 자금제도개선을 계속 추진하고 있다. 만약 개선되지 못하면 우리 나라는 특정 이익집단의 영향력에서 벗어나지 못할 것이다. 나라가 이 영향력에 눌려 있게 되면 건강, 환경보호, 교육, 미디어 통제, 소비자 가격 그리고 기본적인 시민권리에 관한 입법에 부정적 영향을 주게 될 것이고 결국 평범한 시민들의 삶의 조건들이 악화될 수밖에 없다.

MoveOn Tips

● 공정한 선거협회Clean Elections Institute 웹사이트(www.azclean.org)와 퍼블릭 캠페인(www.publicampaign.org)에서 공정한 선거에 관한 많은 정보를 모아라.

● 만약 당신의 주에서도 이런 방법으로 법을 바꿀 수 있다면 www.iandrinstitute.org에서 시민발의나 주민투표를 시작하는 방법을 배워라.

롤라 보안은 1995년 초등학교 교직에서 은퇴했고, 현재 시민운동가이다.

선거 자원봉사를 하라
Volunteer for Campaigns

마이클 스미스, 33, 미주리 캔사스 시티

Michael A. Smith, 33, Kansas City, Missouri

7 대 1, 상대와 우리가 쓴 선거 비용 차이다. 이렇듯 불가능한 승산에도 불구하고 우리가 이기고 말았다.

2001년 미주리 상원의원 선거에 찰스 휠러Charles Wheeler 박사가 출마선언을 했을 때, 그를 위협적인 후보로 여기는 사람은 별로 없었다. 캔사스시 전 시장으로 그가 공직을 떠난 지 20년이나 되었기 때문이었다. 시장직을 떠난 후 병리학자로 활동하면서 가족과 의료활동에만 전념해 왔다. 그러나 몇몇 자원봉사자들은 휠러 박사의 인지도가 여전히 특별하다고 생각했다. 선거구는 민주당 성향이었고, 의원선거 자체가 위험한 것은 아니었다. 우리 과제는 세 후보가 경쟁하는 민주당 예비선거에서 이기는 것이었다. 사람들은 계속해서 불가능한 일이라고 했다. 주류 정치세력이 다른 후보를 밀 것이라고도 했다.

조금씩 선거구도가 자리를 잡고 최종 후보자들이 상원의원 입후보 등록을 끝냈을 때 주류 정치지도자들은 다른 후보를 지원하기로 결정했다. 정치물정에 밝은 한 후보는 시의 특정 이익 로비

집단과 곧 바로 손을 잡았고, 대량의 자금과 지지자를 모았다. 우리 시에서 가장 힘있는 컨설팅 회사를 고용하여 선거캠페인을 맡겼다. 직접 편지로 선거구 전역을 집중 공격하는 한편, 케이블TV 광고까지 내보냈다. 상대편은 선거에 250,000달러를 썼다. 우리는 38,000달러를 썼고, 그것도 대부분은 선거운동 마지막 몇 주에 모금된 액수다. 그럼에도 불구하고 우리가 이겼다.

상대편이 TV광고를 내보내고 지지인사를 늘이는 동안 우리는 가정집 마당에 꽂아 놓는 광고판yard signs으로 계속 버티었다. 우리 광고판은 후보자의 실루엣 배경에 "성실"이라는 말을 써 놓았는데 그가 시장으로 일하던 시절을 상기시키는 광고판이었다. 그 시절, 즉 특정 이권과 정치자문가들이 아닌 사람의 손에 시정이 운영되었던 시절을 강조한 것이다. 그리고 단 한번 보낸 우리의 편지 역시 "성실"이란 주제를 강조했다.

첫 번째 전환점은 시의 대표적인 신문이 휠러 박사를 지지했을 때였다. 그 신문의 후보지지 선언문에 의하면 우리 선거운동의 주제인 성실이 이번 선거의 결정적 요소라는 것이었다. 우리의 라이벌 후보는 위력적인 특정한 이익집단들이 지지하고 있었지만, 과거는 석연치 않은 인물이었다. 탈세문제로 조사를 받고 있는 중인데다가 부도수표 발행 음모로 인해 감옥에 가기도 한 사람이었다.

내가 맡은 일은 자원봉사자들의 활동을 관리하는 역할이었다. 자원봉사자를 섭외하여 자기 동네 사람들과 얘기를 나누고 메시지를 담은 엽서를 나누어 주는 역할을 맡겼다. 또 우리 자원봉사 팀은 보도자료를 작성했고, 공공 포럼이라면 있는 대로 다 찾아서 후보자가 그 자리에 참석하도록 했다. 후보자의 인기도가 높은 지역에는 골목마다 광고판을 설치했다. 선거일에 주민들을 투표장으로 끌어내기 위해서였다. 집집마다 문을 두드리며 호별방문 운동을 맡아 하는 사람도 있었다. 자원봉사자들을 더 늘리기 위해 호별방문도 했다. 우리 후보가 덜 알려진 지역에도 캠페인팀을 강화해서 후보자를 알리는 일에 중점을 두었다. 돈 들이지 않는 온갖 방법들과 자원봉사자들을 이용하여 간단한 한 가지 메시지를 강조했다: 우리 후보는 성실한 인물이며, 그가 다시 정계에 복귀하려고 한다.

휠러 박사는 역전승을 거두며, 48% 대 41%로 당선되었다. 11%는 세 번째 후보자가 차지했다. 풀뿌리 정치는 돈, 특정 이익집단 그리고 수많은 후보 지지 세력을 패배시켰다.

MoveOn Tips

- 훌륭하고 정직한 후보를 지지해야 한다.
- 선거운동의 주제는 명확해야 한다.
- 현실을 무시하지 마라, 그렇다고 단지 관습적인 생각 때문에 기회를 놓치지는 마라. 기성 정치 실세들의 지지를 못 받았어도 당신의 후보자가 도시 전체 시민들에게 잘 알려진 사람일 수 있다.
- 경쟁이 될 정도로 충분한 모금은 필요하다. 상대편보다 반드시 돈을 더 써야 된다고 생각하지 마라. 풀뿌리 노력이 진짜 효과를 발휘한다! 그래도 당신은 마당에 설치하는 광고판, 유인물, 신문광고, 라디오 광고, 웹사이트 등에 쓰일 돈은 있어야 한다. 헌신적인 자원봉사자만 잘 조직하면 적은 돈으로도 캠페인에서 성공할 수 있다.

- 자원봉사자와 유권자들을 만나게 하라. 때로는 자원봉사자들이 유급 직원보다 더 낫다. 자원봉사자들이 하는 말을 더 잘 믿는다. 이들이 신념으로 일하고 있다는 것을 알기 때문이다.

- 선거운동에 자원봉사로 지원할 때 자기 적성에 맞는 일을 택해라. 전화 거는 일, 인쇄물 나눠 주는 일, 미디어에 편지 보내는 일, 집집마다 찾아가는 일, 유권자등록 하는 일, 선거 날 투표하러 가도록 독려하는 일 등 다양하다. 일할 시간이 얼마인지는 개인에게 달려 있다. 선거사무소나 행사장, 심지어 집에서 일을 할 수도 있다.

- 용기를 잃지 마라. 누군가 그런 일은 불가능하다고 말할 때마다 5달러씩 받았다면, 아마 우리는 큰 부자가 됐을지도 모른다.

- 일단 자원봉사자가 되고 나면, 함께 일할 사람을 더 찾아라. 정치에도 참여하고 사람들도 사귀고, 즐겁게 사는 비결이다.

- 자원봉사자들을 관리하는 임무를 맡았으면 그들을 마음 편하게 해줘야 한다. 역할과 일을 매우 확실하게 할당하고, 그들이 적절한 훈련을 받게 하고 그리고 그들의 노고를 아낌없이 칭찬해라.

마이클 스미스는 캔사스 주립대학의 정치학 방문교수이다. 그는 휠러 의원 선거운동에서 자원봉사자들의 관리자로 봉사했고, 주의원과 유권자에 관한 책인 *Bringing Representation Home*의 저자이다.

선거운동을 주도적으로 이끌어라
Help Run a Campaign

페기 후퍼트, 45, 아이오와 데스 모이네스
Peggy Huppert, 45, Des Moines, Iowa

1997년, 나는 직업인 컨설팅 사업을 하는 한편 세 자녀, 2마리의 개 그리고 변호사인 남편을 돌보면서 집안 일과 직장 일에 바쁜 여성이었다. 내 일은 가득 차다 못해 넘칠 정도였다. 나는 정치에도 적극 참여했고, 선거캠페인 자원봉사를 했으며 그리고 가끔 민주당 활동에 참여하기도 했다. 그러나 나는 그때까지 한 번도 선거캠페인을 선두에서 이끌어 보지도 않았고 어떠한 지휘자 역할도 맡아 본 적이 없었다.

"21세기 포럼"이라 불리는 40세 미만 민주당원 모임과 함께 워싱턴DC로 여행을 떠났을 때 그 모든 것이 바뀌기 시작했다. 우리는 젊은 전문직에 종사했고 또 그 대부분은 변호사들이었다. 이 모임은 1995년 아이오와 상원의원인 톰 하킨Tom Harkin의 권유로 힘을 모으기 위해 시작한 모임이었다. 우리 여행 스케줄에 하킨 상원의원과의 면담이 포함되어 있었다. 그는 우리에게 32년 공화당 체제를 지켜온 아이오와 주에서 내년 선거에서 어떻게 하면 민주당 주지사를 당선시킬 수 있는지에 대해 화두를 던졌다. 우리 모두가 포크 카운티Polk County 출신이었다. 아이오와에서 제일 큰 카운티였다. 하킨 의원은 기탄없이 말했다. "우리가 이기기 위해서는 민주당 리더십이 변화해야 합니다." 우리는 서로를 쳐다보면서 물었다. "누가 그 일을 합니까?" 그는 "당신들 중의 한 사람이"라고 대답했다.

이것이 내가 카운티 정당 의장으로 출마할 생각을 하기 시작한 계기가 되었다. 고향으로 돌아왔을 때, 나는 사람들과 얘기를 나누기 시작했다. 대부분 나를 말렸다. 기존 리더십이 틀에 박혀 고집불통이라는 것이었다. 몇 사람이 과거 10년 동안 당의장을 바꾸고 간부들을 해고를 시도해 보았지만 오히려 자기들이 해고당했다는 것이다.

그러다가 어느 날 저녁 정치행사 리셉션에서 안면이 있는 산업노조 대표와 대화를 나누게 되었다. 카운티 민주당 의장직에 도전하겠다는 나의 말에 금세 그의 얼굴이 밝아졌다. 그는 흥분한 어조로 "꼭 해보세요!"라고 했다. "내가 도와주겠다."고 했다. 그와 몇 사람들의 지지로, 나는 12월에 카운티 당의장에 출마를 선언했다. 그로부터 일주일 후, 현 의장이 재선에 출마하지 않겠다고 발표했다. 한 달 후, 행정 담당자가 그만두었다. 일이 너무 쉬운 것처럼 보였다. 그런데 알고 보니 내가 여태껏 맡아 한 일 중 가장 어려운 일이었다.

나는 공동의장으로 임명받아 잘 알지 못하는 남자 둘과 당을 이끌게 되었다. 훗날 우리는 농담으로 총으로 위협해서 하게 된 강제결혼이었다고 하면서 웃었다. 우리는 다음 해 3월 통장잔고 300달러와 박스를 채 풀지도 않은 컴퓨터만 가지고 일을 시작했다. 8개월 동안 정말 열심히 일했다. 모금은 100,000달러 넘었고, 4명의 직원도 고용했다. 그리고 위원회에 100명이 넘는 사람들이 연결되어 일하게 되었다. 그럼에도 불구하고 우리 주지사 후보는 8월 여론조사에서 32%포인트나 뒤처져 있었다. 나의 컨설팅 일을 통한 수입과 공동의장을 함께 맡은 이의 로펌에서의 업무 시간이 둘 다 50%로 줄어들었다. 그래도 우리는 주저하지 않았다. 우리에게는 마쳐야 할 임무가 있었으니까!

선거를 앞두고 몇 달 동안 나는 종종 결정할 사항을 앞에 두고 "어떻게 해야 할지 모르겠다. 이런 일을 해 본 적이 한 번도 없다!"고 푸념하곤 했다. 그러면 공동의장과 직원들이 나를 쳐다보며 "우리도 마찬가지다"라고 대꾸하곤 했다. 어쨌든 우리는 앞으로 돌진하기로 했다.

선거 몇 주 전 선거본부에 우리를 도우려고 열 명, 스무 명의 사람들이 매일 나타났다. 어떤 사람은 음식을 가져 왔다. 아이들을 데리고 오는 사람도 있었다. 그들의 목적도 우리와 같았다. "우리는 우리 주를 새로운 방향으로 이끌어 갈 수 있는 민주당 주지사가 당선되도록 돕고 싶다."

선거 날 1,000명의 자원봉사자들이 일에 몰두하고 있었다. 유권자등록한 민주당원에게 전화 거는 사람, 투표결과를 추적하는 사람, 부재자 투표를 모으는 사람 그리고 사람들을 차로 실어 투표 장소로 데려다 주는 사람, 모두 바쁘게 일했다. 그리고 우리는 이겼다! 1998년 11월 8% 차이로 톰 빌삭Tom Vilsack은 주지사로 선출되었다. 32년만의 주정부 장악. 아이오와 정치 역사상 가장 큰 이변이었다. 우리는 60,000표로 승리했는데 그 절반이 포크 카운티 표였다.

인생에서 종종 훌륭한 성공이나 중대한 일은 그런 일을 한 번도

해 본 적이 없는 사람들의 손으로 이루어진다. 가끔 일을 "제대로" 하는 방법을 모를 때가 더 좋은 방법을 찾아 낼 수 있는 적기이기도 하다. 자기가 하는 일에 강한 신념을 갖고 열심히 일할 각오가 되어 있고, 도움이 필요할 때 도움을 청하면 반드시 성공하게 되어 있다. 그러다가 당신도 어느 날 주지사 선출을 돕게 될지도 모른다.

MoveOn Tips

- 선거캠페인 경험을 해보라. 카운티, 시 또는 주 차원 각각에서 일이 어떻게 돌아가는지 배우기 위해 여러 가지 일을 모두 경험해 보라.

- 카운티중앙위원회에서 선출되어 일하며 모임에 참석해라. 지역 당 대표들과 알고 지내라. 당신이 관심 있어 하는 일이나 프로젝트에 자원봉사를 해라.

- 자원봉사 정치지도자로서 성공하는 가장 중요한 능력은 모금이다. 빠르게 정치모금을 모으는 능력은 높이 사준다. 모금활동에 능수능란한 사람을 찾아 그에게 배워라.

- 언제나 자기가 한 말에 책임을 져라. 맡은 일을 해 내는 사람인가 아닌가 하는 평판은 금방 판명나게 되어 있다. 동료 자원봉사자와 직원들은 당신이 일을 하는지, 안 하는지 반드시 안다. 약속은 덜 하고 일은 약속한 양보다 넘치게 해라.

- 듣고 보는데 시간을 써라. 누가 어떤 일에 능숙한지, 누가 존경 받는지를 알아내고 그들을 관찰하고 배워라.

- 자기선전을 조금 하는 것은 괜찮다. 어떤 때는 할 필요도 있다. 하지만 자기자랑을 늘어놓는 버릇은 금물이다. 일과 업

적으로 당신이 어떤 사람인지 보여주어야 한다.

● 가장 중요한 것은 단체나 정당의 동료와 친밀해지는 것이다. 정치는 결국 인간관계다. 깊은 인간관계가 돈을 모으고, 후보자 지지를 모으고, 일이 되도록 만드는 중요한 열쇠다. 훌륭한 노고는 아낌없이 칭찬하고, 사람들이 함께 일하고 싶어 하는 사람이 되도록 최선을 다하라.

페기 후퍼트는 세 자녀의 엄마이며, 여전히 아이오와 민주당 운영에 관여하고 있다. 그녀는 크리살리 재단의 집행이사다. 이 재단은 중부 아이오와의 여성 및 소녀의 인권과 생활수준을 향상시키는 것이 목적이다.

지지후보를 위해 거리로 나가라
Hit the Streets for Your Candidate

안 토마스, 67, 버지니아 레스버그

Anne H. Thomas, 67, Leesburg, Virginia

2000년 11월 3일 맑은 아침, 나는 손에 지도와 지침서를 들고 차에 탄 후 버지니아의 내 집에서 필라델피아를 향해 운전해 갔다. 내 고향 버지니아 주는 이미 민주당의 손에서 떠났고, 펜실베이니아 주에서 이기기 위해선 필라델피아에서 크게 이겨야 한다는 것을 알고 있었다. 나는 사전 연락도 없이 민주당 선거본부로 가서 일하러 왔다고 말했다. 본부는 직원들과 나 같은 자원봉사자들로 북적거렸다. 전화는 계속 울렸고, 사람들은 전화부스에 줄지어 앉아 일을 하고 있었다. 거대한 필라델피아의 선거구 지도가 사방에 붙어 있었다.

15분이 안 되어 나는 4명이 한 팀으로 배정되어 주소 목록과 고어-리버만 선거 유인물을 받았다. 이렇게 해서 우리 네 사람은 고어를 위해 현관벨을 울리기 위해 동네를 돌았다. 곧 우리는 할당 목록을 끝내고 본부로 돌아가 새로운 네 명의 팀으로 구성되어 새 주소 목록을 받고 다시 거리로 나갔다.

필라델피아 주민이 아닌 동료 자원봉사자들은 동부의 여러 지역에 사는 사람들이었다. 매사추세츠, 뉴저지 그리고 메릴랜드 같은 민주당이 이미 "승기를 잡은" 주에 사는 이들이었다. 자가용으로, 카풀Car pool로, 버스로 또는 밴으로 온 사람들이다. 그들은 결의에 차 있고, 일에 온 정신을 쏟는 사람들이었다. 잡담은 차안에서만 했다. 보도에 내려서면 우리는 일에만 집중했다. 참여한 동기가 무엇인지 물어 보았는데 모두 나와 같았다. 부시와 보수세력이 이 나라에 막대한 피해를 입히고 있기 때문에 어떻게든 나서서 막아야겠다는 것이었다.

하루 내내, 시민들은 나에게 문을 열어 주었고, 우리는 대화를 나누었다. 우리가 맡은 지역은 주로 흑인이 사는 동네였는데 이곳 사람들은 더 이상 공화당을 믿지 못하겠다고 했다. 그들은 정부가 대기업에 투자하면 중소기업과 소기업으로 혜택이 돌아가 경제전체가 발전한다는 트리클 다운 경제이론trickle—down theory이 어째서 고장난 경제정책인지, 보건과 교육이 그들에게 얼마나 절박한 문제인지를 얘기했다. 몇몇 여성은 나를 안아 주며 고어를 위해 일 해주어 고맙다고 했다.

11월 7일 선거 날, 육체노동자blue collar들이 거주하는 동네의 민주당 유권자 등록자 집의 문 손잡이에 투표소에 가라고 권하는 홍보물을 거는 것이 우리의 임무였다. 내가 점심시간에 본부에 돌아왔다고 보고했을 때, 사람들이 "플로리다"라고 속삭이는 것을 들었다. 수많은 핸드폰이 울렸고, 캠페인 직원들은 무리지어 웅성거렸다. 안 좋은 일이 일어나고 있었다. 우리는 플로리다에서 이겨야만 대선에서 승리한다는 것을 알고 있었다. 그 날 낮 12시에 벌써 펀치카드punch card 얘기와 투표를 금지 당한 유권자 이야기가 돌고 있었다.

그 선거가 어떻게 끝났는지는 이제 우리가 다 알고 있는 사실이다. 나는 필라델피아의 인도를 함께 걷던 그 남자들, 여자들을 가끔 생각한다. 그들의 이름도, 그들이 누구인지 전혀 모르고 말았지만 난 그들이 다시 그 일을 하려고 2004년을 기다리고 있다는 것을 알고 있다.

MoveOn Tips

- 자원봉사자 표시를 잘 보이게 착용하라. 그래서 유권자들이 당신이 누구인지 알게 하라.
- 자원봉사자라고 분명히 자기소개를 해라. 유권자들은 자원봉사자에게 훨씬 더 좋은 반응을 보인다.
- 상점이나 거리에서 만나는 사람을 포함해 당신이 길을 걸으면서 우연히 만나는 모든 사람들에게 당신의 후보자와 그의 이슈에 관해 얘기하는 기회를 놓치지 말아라.
- 간단한 몇 개의 대화 주제를 메모로 적어 가지고 다녀라.
- 부정적이고 무관심한 사람들을 설득하려고 하는 대신에 다른 사람들에게로 다가가라.
- 사람은 못 만나고 유인물만 남기고 떠나야 하는 경우 손으로 "미안해요. 직접 못 만나고 갑니다"라고 메모를 남겨라 (유인물에 미리 써 놓아도 된다).
- 물병과 아스피린을 들고 다녀라. 편안한 신발을 신어라!

안 토마스는 대학 사무처에서 일하다가 은퇴했다. 최근에 워싱턴DC에 있는 여성민주당클럽Women's Democratic Club에서 정치담당 부회장을 하고 있다.

필요하다면 출마도 한 방법이다
Run for Office to Challenge Incumbents

마이클 피트랜드, 54, 텍사스 슈거 랜드

Michael Fjetland, 54, Sugar Land, Texas

오랜 세월 나는 세계를 돌며 여행기를 써 왔다. 여행 중 많은 미국인들이 가까이 못 보는, 심지어 미국 지도자들까지도 알지 못하는 일을 경험하곤 했다. 나는 콘트라Contra 전쟁이 일어나기 전에 니카라과에 있었다. 이집트에서는 나일 힐튼호텔의 내 방을 비워야 한 적도 있었는데, 지미 카터 대통령의 노력으로 사상 최초로 이스라엘과 아랍국가 사이에 맺어지는 평화조약 서명자들의 숙소로 호텔이 쓰였기 때문이었다. 1990년 나는 프리랜서 작가로 가상의 이라크전쟁과 미국에 대항하는 테러리스트의 공격에 대한 소설을 쓰고 있는 중이었다. 그 책 때문에 이라크에 머물고 있을 때 사담 후세인은 쿠웨이트를 침범했고, 나는 휴스턴의 폭스TV에 출연하기도 했다. 나의 여행기를 읽으며 깨달은 것이 있었다. 비록 일생동안 생계를 유지하기 위해 일자리를 얻으려고 많은 시간을 써 온 것이 사실이지만, 정치와 세계를 진일보시키는 것에 끊임없이 끌리고 있다는 사실이었다.

공교롭게도 나는 공화당 톰 딜레이Tom DeLay의 선거구에 살고 있었다. 그가 지역구 복지를 위해 아무 것도 한 일이 없고, 점점 더 커지고 있는 테러리즘의 물결을 막기 위해 효과적으로 대응하는 일에도 무관심한 것이 내 화를 점점 돋구었다.

그의 관심을 끄는 일이 아무 것도 없었기 때문에, 나는 드디어 2001년 1월에 공화당 예비선거에 출마하겠다고 등록했다. 오랜 세월 예비선거에서 공화당 1인자인 딜레이에 맞선 첫 번째 사람으로 기록되었다. 돈은 별로 없었지만, 예비선거 투표율은 매우 낮았고 민주당원들은 그해 우리 지역에서 예비선거를 할 필요가 없었기 때문에 민주당원들이 공화당으로 투표등록할 가능성도 있어 승산이 있었다. 그 계산이 맞아 들어가면 선거를 뒤엎는 일이 가능하리라고 생각했다(정당 교차투표가 텍사스에서는 허용된다).

그러자 톰 딜레이는 오랫동안 얼굴도 안 보이던 지역행사에 나타나기 시작했다. 내가 나타날 때까지 그는 심지어 매년 열리던 링컨기념일Lincoln Day 연례만찬에도, 지역 상공회의소 모임에도 나타나지 않던 인물이었다. 놀랍게도, 그는 포트 밴드Port Bend에 직접 나타났다. 포트 밴드에서는 후보자들이 카드 추첨으로 자기 기호를 받는다. 숫자가 높은 카드를 뽑은 후보자가 첫 번째 기호를 받고, 둘째로 큰 숫자가 다음 기호를 받고 하는 식으로 기호가 정해진다. 포트 밴드에서 첫 번째로 딜레이가 킹King을 뽑았다. 그런데 나는 스페이드 A를 뽑았다. 초보자의 행운!

나는 길에 꽂는 가로 세로 8자 10자 크기의 선거 광고판을 만들었다. 그 이상 할 돈도 없었다. 그런데 갑자기 팻말이 사라지기 시작했다. 트럭을 탄 남자들이 광고판을 주시하고 있는 것을 보고 나는 창문을 내리고 내 선거 광고판을 빼 가는 놈들이 있다고 소리 질렀다. 그러자 트럭은 달아났다. 차번호를 신고했으나 가짜 번호였다.

놀라운 것은, 공화당 여성단체에서 개최한 후보 토론회에도 딜레이가 나타났다는 것이다. 토론이 끝나고 다른 공화당 후보가 나에게 접근해 와 내가 이 토론에서 이겼다고 속삭였다.

물론 나는 선거에서 졌지만, 25%의 공화당 투표자의 지지를 2개월 안에 그리고 거의 돈을 쓰지 않고 획득했다. 가장 중요한 것은, 딜레이가 언급조차 안 했을 여러 이슈에 관심을 보이도록 딜레이를 강요했다는 사실이다. 공화당 우세지역인 이 선거구에서 내가 만일 민주당 후보로 출마했다면 이룰 수 없는 것이었다. 비록 나는 선거에서 이기지 못했지만, 그 결과를 생각하면 결코 헛된 노력이 아니었다. 톰 딜레이도 요즘은 국제문제에 관심을 갖고, 해외로 다니고 있다.

MoveOn Tips

- 풀뿌리 방식의 접근에 집중해 보자. 당신이 도전자일 경우 당신을 아는 사람이 없다. 광고에 돈을 쓰는 것보다 직접 사람들의 집을 찾아다니며 얼굴을 익히는 것이 더 효과적이다. 후보자를 만난 사람이 거의 없을 터이고 직접 만나면 그들은 기분이 좋을 것이다.
- 돈으로 사는 선전에 비해 무료선전을 가능한 한 많이 해라.
- 인간관계를 만들고 유지하라. 새 유권자와 접촉하고, 가능한 많은 지지자를 얻어라. 현직의원을 한 번의 선거로 이겨내기는 결코 쉽지 않다.

마이클 피트랜드는 변호사이고, 연설가, 대학 조교수다. 현재 미국의 미래에 관한 책을 쓰고 있다.

정치자금을 기부하라
Donate Money

애나리즈 블럼, 16, 캘리포니아 버클리

Annalise Blum, 16, Berkeley, California

엄마는 정치에 매우 적극적이었다. 나는 엄마처럼 되는 것이 싫어서 그렇게 되지 않으려고 애쓰고는 있지만 필연코 그렇게 되리라는 것을 안다. 그리고 아마 그것은 그렇게 나쁜 일은 아닐 것이다. 나도 모르는 사이, 농구 코치에게 지구 온난화 현상이 존재한다는 사실을 믿게 하려고 애쓰고 있는 나 자신을 발견한다. 역사 선생님이 수업시간에 바바라 리Barbara Lee에 대해 언급했을 때, 내가 "바바라 리가 나에게 이야기한다" 집회의 참석자였다는 사실에 자랑스러웠다.

비록 나는 아직 투표를 할 나이는 아니지만 정치에 대한 관심은 커져 가고 있다. 나는 부시 대통령이 하고 있는 일이 내 인생과 지구환경에 큰 영향을 미칠 것이라는 것을 알고 있다. 그러므로 나는 그가 재선되지 말아야만 한다는 것을 굳게 믿고 있었다. 그래서 엄마가 나에게 동네 극장에서 "부시왕조의 거짓말을 폭로한다"라는 제목으로 폴 크루그만Paul Krugman, 알 프랭큰Al Franken, 케빈 필립스Kevin Phillips 등이 토론하는 모임에서 웨슬리 클라크

162

Wesley Clark[21]에 관한 홍보물을 배부하는 일을 도와 달라고 했을 때 기꺼이 응했다. 나는 클라크에 관한 기사를 이미 읽었고, 그의 훌륭한 가치관과 지도자로서의 자질로 보아 부시를 이길 수 있는 자격을 가진 최고 후보자라고 생각했다. 기말고사 일 주일 전이었는데도 1850년 대타협the Compromise of 1850[22] 공부를 기꺼이 쉬었다. 우리가 도착했을 때, 길게 늘어선 줄을 따라 걸으며 홍보물을 나누어 주었는데 반응은 무뚝뚝했다. "필요 없어요, 난 딘Dean을 지지해요."라는 사람도 있고 몇 사람들은 마지못해 받았다. 나는 사람들이 무례한 모습을 보이지 않으려고 차마 손을 흔들어 쫓아 버리지는 못 하는 파리가 된 기분이었다. 나는 엄마를 그 곳에 남겨 두고 자리를 잡으러 극장 안으로 들어갔다. 옆 자리 여자들이 클라크의 장단점을 토론하는 것을 듣고는, "그에 대한 정보가 더 있는데 드릴까요?"라고 물었다. 처음에는 거절하다가 얼마 안 돼 클라크에 대한 맥거번McGovern의 지지연설이 담긴 홍보물을 달라하여 열심히 읽었다. 엄마를 만나선 신이 나서 홍보물 돌리기의 첫 번째 성공에 대해 이야기했다. 엄마는 사람들이 줄 서 기다리는 여자화장실 앞도 홍보물을 나눠 주고 대화 나누기에 좋은 장소라고 말했다.

　프로그램이 끝났을 때, 우리는 손에 클라크의 전단지를 들고 극

---

21) 2003년 민주당 예비경선에서 웨슬리 클라크 전 나토군 사령관은 후보로 출마해 한때 여론조사에서 민주당 주자 열 명 가운데 1위를 차지해 '클라크 돌풍'을 일으켰다.

22) 1850년 대타협은 남북전쟁의 전 단계에 발생한 것으로 1849년 캘리포니아 주의 지위 문제를 둘러싸고 노예 폐지론자와 존속론자 간에 정쟁이 격화되자 분열을 막기 위해 양 세력 간에 '1850년 대타협'이라고 불리는 5개의 법안들이 통과되었다.

장 출구 쪽으로 전력질주했다. 두 명의 연사가 클라크를 지지하였고, 청중은 희망적이고 유머러스한 정치토론의 활기찬 분위기를 만끽하며 자리를 뜨는 중이었다. "클라크에 관한 정보에 관심 있으세요?"하면 "그럼요!", "그래요, 나도 좋아해요.", "당연하죠!"라고들 대답했다.

우리는 그 자리에서 300장이 넘는 전단지를 나눠줬다. 내가 남의 마음을 움직이는데 뭔가를 했다는 것이 너무나 흐뭇했다. 예비선거 초기인 이때가 클라크에게는 결정적인 시기였다. 그는 뉴 햄프셔 예비선거에서 득표성적이 좋아야만 했고, 그러려면 많은 돈이 필요했다.

다음날 엄마에게 "클라크 선거운동에 100달러를 기부하기로 결심했어요."라고 말했다. 100달러는 부모님께 타 쓰는 두 달 치 용돈이고, 아기 돌보는 아르바이트 15시간에 상당하는 액수로, 이 돈이면 어반 아웃피터Urban Outfitters 옷가게에서 옷 한 벌을 살 수 있다는 사실은 생각조차 하지 않았다. 전단지를 나눠 주면서 성공을 맛보기 전까지는 나 같은 아이가 하는 일이 뭐 대단하겠느냐는 생각이었다. 이제는 내 작은 행동이 중요했다는 것을 알았다. 종종 한 사람의 힘으로 일이 달라졌다는 말을 들었지만, 내 스스로 경험하기 전까지는 잘 이해되지 않는 말이었다. 재킷을 입을 때, 나는 거기 붙어 있는 클라크 대통령후보 스티커를 자랑스럽게 달고 다녔다. 투표할 자격이 생기려면 2년은 더 기다려야 되지만 정치는 나의 인생과 학교와 그리고 나의 세계에 영향을 미친다는 것을 알고 있다. 그리고 만약에 클라크가 이긴다면, 그를 위해 나도 기부했다고 사람들에게 자랑스럽게 말할 작정이다!

MoveOn Tips

- 기부할 수 있는 자기의 능력을 과소평가하지 말자. 2002년
  에 무브온에서는 400만 달러를 넘게 모았는데 일인당 평균
  기부금 액수는 36달러였다. 시민들이 합심해서 함께 일하면
  이익집단에 맞서는 강력한 대항세력이 될 수 있다.

애나리즈 블럼은 캘리포니아의 오크랜드 고등학교 2학년생이다. 농구와
축구선수, 크로스 컨츄리 달리기도 한다. 지역봉사 프로그램에 자원봉사자
로도 참여한다.

선거를 지원하는 모임을 만들어라
Host a House party

베티 벌러 화이트헤드, 52, 노스 캐롤라이나 채펄 힐
Betty Buller Whitehead, 52, Chapel Hill, North Carolina

선거캠페인 자원봉사자들과 함께 우리 대통령 후보자를 위한 지역 최초의 모금파티 계획을 세우고 있을 때였다. 처음에는 공공장소를 빌릴 계획이었는데 공공장소 모금행사를 승인하지 않는다는 것을 알게 되었다. 한정된 예산과 이 같은 캠페인 자금법 때문에 모금행사를 하는 유일한 방법은 일반 가정집을 찾는 것이었다.

우리 모금행사 목표를 이루기 위해서, 75명이 참가할 수 있는 집이 필요했다. 우리는 갓 시작한 풀뿌리 모임으로, 같은 관심사를 가진 사람들을 지역사회 단위로 묶어 주는 것이 목적인 밋업www.Meetup.com이라는 무료인터넷 서비스를 통해 모이게 된 시민들이었다. 나는 사람들을 아직 알지 못했고, 그들도 나를 몰랐다. 후보자에 대한 열정이 넘치는 나머지 나는 집을 제공하겠다는 용기를 냈다.

하우스 파티house party계획위원회는 행동모임으로 바뀌었다. 남자 한 사람이 파티의 세부사항을 도맡아 음식과 음료, 연사, 오락, 입장 티켓 판매 그리고 등록과 주차문제 등을 해결하겠다고 나섰

다. 또 캠페인 본부와의 연락책도 그가 맡기로 했다. 우리는 파티 초대와 응답을 인터넷으로 해서 종이 초대장 인쇄비와 우편료를 절약했다. 파티날 저녁에 자원봉사자가 파티에 쓸 음식을 만들기 위해 재료를 잔뜩 들고 나타났다. 참가자 등록 테이블을 만들고, 따로 고용한 밴드의 음악을 들으며 즐길 수 있게 의자도 늘어놓았다. 우리 집의 막다른 골목길의 한정된 주차지역을 극복하기 위해 셔틀버스 서비스도 준비했다.

파티는 대성공이었다! 다른 지역의 하우스 파티와 함께 전화회의conference call로 접속하여 후보자와 통화도 했다. 우리 집 파티에서는 주의회의원, 지역의 평화시민운동가 그리고 우리 모임의 멤버 한 사람이 연설을 했다. 우리는 지역 공동체로서 함께 뭉쳐졌고, 이 경험으로 힘을 얻었으며 모금목표를 초과 달성했다.

MoveOn Tips

- 당신의 후보자 캠페인본부에서 모금 규칙을 받아라. 파티 계획을 수립하는 동안에도 본부 직원과 수시로 연락을 계속하여 규칙에 어긋나는 일이 혹시 일어나지 않게 하라.
- 참석자 수와 기부금 목표를 약간 높게 정하라.
- 초대장부터 감사장에 이르기까지 모든 계획 전부를 맡을 소위원회를 열성 있는 자원봉사자들로 구성하라.
- 손님들이 도착하기 전에, 어느 시간에 어느 자리에서 어떤 행사가 진행되는지 미리 정하라.
- 이름표에서부터 음료를 따르는 일까지 모든 일을 사람들에

게 배정하라.
- 재미있는 파티를 만들어라. 즐겁게 보내라!

베티 벌러 화이트헤드는 병원 행정직에서 은퇴했다. 남편, 아들 둘, 고양이 두 마리, 강아지 한 마리를 거느린 주부로 최근에 배우와 작가로서 시간제로 근무한다.

캠페인 노하우를 훈련하라
Petition Effectively

루스 헐트그랜, 82, 캘리포니아 새크라멘토

Ruth Hultgren, 82, Sacramento, California

요즘 서명 하나에 얼마씩 정해진 액수의 돈을 주고 서명자를 모아 청원서를 돌리는 유급청원꾼들이 많다. 많은 우리 동료들은 여전히 청원운동에 헌신적으로 시간과 노력을 제공하는 자원봉사자들이다. 사실 유급청원꾼들에게서 배울 점이 몇 가지 있다. 나도 고용인들로부터 몇 가지 배운 것이 있다. 우리 피스 액션Peace Action 지회에서는 청원 전문회사를 고용해 회원 교육을 실시했다. 통행인을 멈추게 하는 가장 좋은 말을 가르쳐 주었는가 하면 무엇보다도 좋았던 것은 훼방꾼을 물리치는 방법이었다.

과거에 나는 청원서 테이블을 쇼핑몰 앞에 놓고 지나가는 사람들의 관심을 끌려고 했고, 하다보면 주눅이 잔뜩 들기 일쑤였다. 바쁜 쇼핑객들을 불러 세우는 것이 너무 미안했다. 그런데 훈련을 받은 이후, 테이블 같은 것까지 쓸 필요도 없었다! 나는 요즘 다리미판을 세워 놓고 청원운동을 한다. 사람들은 뭔가 하고 궁금해서 걸음을 멈추고 내 판에 써 있는 것을 보려고 가까이 다가온다. 그러면 나는 "여기 청원해 주세요"라고 말문을 연다. 질문이 아닌

진술이다. 그러면 대부분 "무엇에 대해서요?"라고 묻는다. ("청원서에 서명해 주시겠습니까?" 혹은 "이런 청원서를 본 적 있습니까?"라고 말하지 않는다. 이런 말로 시작하면 사람들이 쉽게 "아니요"라고 하면서 자리를 뜬다.)

나는 재빠르게 계속한다. "수백 명이 벌써 서명한 청원서인데요. 파인스타인Feinstein 상원의원에게 보낼 이라크가 '대량 파괴무기weapons of mass destruction'를 가지고 있다는 명백한 거짓말을 조사하기 위해 독립적인 위원회를 열자는 청원서입니다. 그녀가 진실을 밝힐 수 있도록 이 청원에 참가해 주세요. 여기 서명하면 됩니다." 그리고 나서 나는 서명하기 쉬운 각도로 기울여 들고 펜을 상대방에게 내민다. 젊은 부모들이 이름과 주소를 쓰는 동안 아기를 받아 안아 주기도 하고 아장아장 걷는 아이들을 잡아 주기도 한다. 심지어 서명하는 사람들을 위해 짐을 들어 주기도 한다.

만약 방문객들이 의문이나 질문을 있으면, 간결하고 짧게 정리된 설명서나 쟁점을 설명하는 준비된 정보 전단지를 건넨다. 나는 그들의 첫 질문에 응답한다. 질문이 세 번째까지 가면 적대적으로 나오는 사람이 아닐지라도 내 시간을 낭비하고 있다고 직감한다. 누군가 토론을 끈질기게 계속하면 이는 일반적으로 방해자라는 표시고, 나는 항상 "네, 우리는 이 문제에 대해 교육활동이 많이 필요할 것 같네요. 이 일을 위해 모금함에 20달러 정도 넣어 주실래요?"라고 말한다. 이 대목에서 화를 버럭 내며 가버리지 않는 방해자는 거의 없다. 나는 이렇게 해서 방해자에서 벗어나 다시 내 일에 전념한다.

나의 서명 작업량은 이 교육을 받은 뒤 다섯 배나 성장했고, 이처럼 전혀 힘들지 않은 방법으로 12,000명 시민의 서명을 모으는 운동에 두 번이나 참여했다. 면대면으로 청원하는 일은 나에게 자신감을 키우는 경험이었다. 나는 변화를 가져 오는데 관심 있고 의견을 토로하고 싶어 하는 동료들을 만난다. 나의 의견에 찬성하지 않는 사람들은 나를 더 열심히 일하도록 분발하게 한다. 결국, 이일은 내 증손자의 미래가 달린 일이다.

MoveOn Tips

- 질문 대신 "여기 청원서에 서명해 주세요"로 말문을 열어 보자.
- 서명지 첫 페이지에 반드시 서명이 몇 개 정리되어 있고, 그 다음 장에는 전면에 서명이 되어 있는 페이지를 끼워 놓아라. 많은 사람이 서명했다는 것을 알면 사람들이 서명하기 더 쉽다.
- 사람들이 서명할 때, 달라고 하지 않으면 전단지 공격은 삼가라.
- 당신의 다리미판을 전단지 더미로 장식하지 마라. 위협적이거나 불쾌하게 보일 수도 있다. 같은 시민의 입장에서 돕고자 하는 솔직한 입장을 설명하라.
- 당신의 시간을 독점하려는 사람들을 설득하려고 시간을 낭비하지 마라. 당신의 주장에 공감하는 사람들 쪽으로 옮겨가라.

루스 힐트그랜은 사회적으로 활약이 활발한 증손녀를 둔 할머니이고, 1984년 Sacramento Area Peace Action 설립위원회 위원이다. 은퇴한 유치원 선생님으로 남편 웨인Wayne과 함께 많은 청원자들을 모집하고 훈련해 왔다.

다양한 커뮤니티에 참여하라
Attend a Meetup

밥 루이라드, 32, 미네소타 로체스터

Bob Rouillard, 32, Rochester, Minnesota

4월 초, 나는 C−SPAN에서 민주당 대통령 후보인 하워드 딘 Howard Dean의 연설 중계방송을 들었다. 그는 조지 부시의 무모한 정치에 맞서지 않는 민주당원에게 "그래도 되는 거냐?"고 물으며 도전했다. 나는 그 연설에 감동을 받고 그의 선거캠페인 본부에 전화해서 내가 살고 있는 곳에서 어떻게 참여할 수 있는지 물었다. 전화를 받은 여성이 미네소타에는 사무실이 없으니 다른 딘 지지자들과 함께 밋업Meetup23)에 가입하라고 제안했다.

가입한 지 얼마 후 밋업으로부터 모임을 알려 주는 이메일을 받았지만 선뜻 내키지 않았다. 사실 여태껏 정치에 전혀 참여하지 않았고 또 이 모임에 오는 사람들이 누군지 전혀 몰랐다. 아내는 "무턱대고 가 봐요" 하면서 나를 떠밀었다.

그렇게 해서 딘을 위한 밋업에 참석하게 되었고, 훌륭한 지성을

---

23) 밋업닷컴Meetup.com은 미국의 블로그 커뮤니티로서 취미나 관심이 비슷한 사람들끼리 거주 지역에 따라 소규모 오프라인 미팅을 조직하도록 도와 주는 사이트이다.

가진 네 명의 회원을 만났다. 노동조합 조직전문가, 소프트웨어 엔지니어, 목사 그리고 대학교수. 비록 우리는 서로 환경과 사정은 달랐지만, 돈에 팔린 이익집단으로부터 나라를 되찾기 위해 무엇인가 해야 한다는 것을 같이 느끼고 있었다.

우리는 그 다음 달에 나의 집에서 모금 하우스파티를 하기로 했다. 나는 모금 하우스파티가 무언지 알지도 못 했지만 "어떻게든 되겠지 뭐!" 하면서 돌진해 보기로 했다. 딘 선거캠페인 본부에 문의 전화를 거니, 받을 수 있는 기부금과 못 받는 기부금을 구별하는 상세한 규칙을 알려 주었다. 이제 나도 세상을 바꾸는 일에 참가하는구나! 나라를 되찾을 수 있구나! 라는 생각이 들었다.

난생 처음으로 정치에 대해 열정적인 느낌이 들었다. 나 같은 사람이 좀 더 참여하기만 한다면 정치가 제대로 되겠구나 하는 생각도 들었다. 나와 같은 사람이 많이 있을 것을 확신했다. 우리의 다음 밋업 모임에 15명이 나왔고, 그 다음은 25명, 또 다음은 40명이 참석했다. 나와 비슷한 사람들이 더 있다는 것이 증명된 것이다. 마치 내가 이 일을 하려고 태어난 사람인 것 같은 기분이 들 정도로 과거에 이런 일을 전혀 하지 않았다는 사실이 믿겨지지 않았다.

그 이후로, 나는 청원서를 제출하고 서명운동을 하고, 무브온 예비선거에 투표하고, 가정방문을 했다. 나의 작은 노력이 수백 명의 사람들이 정치에 참여하게 도왔다. 앞으로 나는 정치활동에 활발히 참여할 작정이다. 이제 중독되었으니까!

MoveOn Tips

- 밋업 모임에 참석해 보자. 밋업www.meetup.com은 무료 서비스로 지역에서 모임을 시작하고, 활동하고 싶어 하는 사람들을 도와주는 인터넷커뮤니티이다. 사람들이 자연스럽게 만나 비슷한 사람들끼리 대화가 이루어는 방식의 모임이다. 밋업에 온 사람들이 다음에는 어디서 만날지 투표로 결정하므로 다음 만나는 장소가 술집, 카페 혹은 볼링장이 될 수 있다. 때로는 세계의 여러 도시에서 동시에 밋업이 열린 경우 있다. 많은 후보자들은 선거운동을 위해 이 서비스를 사용해 왔다.

- 밋업의 주최자 역할을 맡았을 경우 일찍 도착하고, 사람들이 당신을 찾기 쉽게 안내판을 마련하고, 사람들이 서로 소개하며 어울리도록 하라.

밥 루이라드는 마요 클리닉에서 일하며, 9살 Lillian과 7살 Rowan의 아빠다. 과거에 그는 녹색당, 개혁당, 자연법당, 민주당 그리고 공화당원에 투표했다. 그러나 지금 세상 돌아가는 것을 보면서 그는 스스로를 민주당원이라 부른다.

주민대표가 되어 봉사하라
Serve as an Elected Official

한나 핀그리, 27, 메인 노스 헤이번

Hannah Pingree, 27, North Haven, Maine

우리의 모든 활동은—돈이나 시간을 기부하거나 정치인 로비를 하거나—진보를 향한 움직임이 될 것이다. 세계를 바꾸고 싶어 하는 우리들이 아직 많이 주목하지 않는 한 가지 리더십이 있다면 그것은 선출직elected office이 되는 것이다. 우리가 정말 세상을 다르게 만들고 싶다면, 결정권을 가진 지위보다 더 나은 나은 조건이 어디 있겠는가?

나는 메인 주 해안으로부터 12마일 떨어진 섬에서 성장했다. 그곳은 모두가 서로를 안다. 3월이면 우리 마을사람들은 지역 체육관에 모여 연례회의에 참석한다. 마을 예산을 승인하고, 지역 공직자를 선출하고, 정책을 토론한다. 대부분의 섬사람들은 매년 타운미팅town meeting에 참석하며, 그들의 의견과 투표가 작은 우리 지역 사회를 위해 중요한 역할을 한다는 것을 알고 있다.

인구 350명인 우리 마을에서는 교육위원회부터 레크리에이션 협회까지 공직자 90명이 선출되고 임명된다. 사실상 모두가 참여해야 하는 작은 곳에서 자란 나에게, 참여하는 것이 필수가 아니라 선택이라는 생각은 해 본 적이 없다.

그렇다고 해도, 공직에 출마하겠다는 결정이 쉬운 일은 아니다. 출마하지 말아야 되는 이유는 너무 많고 핑계도 얼마든지 있다. 주의회 의원으로 출마 결심을 했을 때 내 나이 25살이었는데, 그 일을 해낼 준비가 되어 있는지도 스스로도 확신할 수 없었다. 너무 어리고 경험이 없는 것 같았다. 그러나 지역사회 지도자, 가족 그리고 이웃의 충고를 구한 뒤에 어쨌든 일을 하기로 결심했다.

메인 주에는 공공 선거자금을 지원받고 소액의 자금으로 선거운동을 하게 되어 있다. 그래서 선거에 승리하기 위해서 나는 가능한 한 많은 사람들을 만나야 했다. 집집마다 문을 두드려야 했다. 나는 11개 마을을 대표하는 의원직에 출마했는데 그 중 아홉 개가 섬이었다.

모르는 사람의 집 문을 두드리는 것은 가끔 이상하지만 어떨 때는 또 훌륭한 경험이다. 나를 반갑게 환영하는 노인분들을 만났고, 시사에 관해 명석하게 설명하는 웃통을 벗어제낀 어부, 저녁 식사를 준비하면서 나와 정치 이야기를 하고자 하는 워킹맘도 만났다. 1,000개가 넘는 집들, 수많은 대화, 편지, 전화, 교회 지하실에서 개최된 토론회 그리고 셀 수 없는 커피 뒤에, 나는 주의회 의석에 앉게 되었다.

주의원으로 일하는 것은 선거운동하는 것만큼이나 신나고 도전적이었다. 동료들은 교사, 농부, 변호사, 의사, 싱글 부모, 은퇴한 사람들이다. 어느 날은 섬 지역사회와 매우 관련이 없는 것처럼 보이는 이슈에 대해 토론하기도 하고, 또 다른 날은 내가 대표하는 사람들과 관련된 어떤 문제를 두고 싸우기도 한다. 비록 초선 의원이긴 하지만, 의회 안에서 무한한 가능성을 본다. 한 명의 의원이 보다 많은 관심을 갖고 집중했기 때문에 그리고 공청회에 시민들이 다수 참석했기 때문에 법안이나 예산이 개선되는 사례를 목격해 왔다. 우리에게는 개선 혹은 개혁 과정에서 영향을 미칠 수 있는 힘이 있다. 우리 자신이 정부요 정치인일 때, 정부와 정치인들은 우리가 원하는 변화를 만들어 준다.

MoveOn Tips

- 공직 선거운동을 할 때, 사람들에게 가장 먼저 그들의 생각이 무엇인지 물어라. 사람들은 자기 의견(자기가 필요한 것)을 경청하는 사람을 좋아한다. 그리고 그들이 제시하는 요구를 이루어 주는 것이 당신이 할 일이다.

- 정직해라. 당신이 동의하지 않는다 하더라도 사람들은 그 어느 것보다 정직한 것을 좋아한다.

- 선거운동을 도와 달라고 청하고 싶으면 주저하지 말고 요청해라. 그것이 그들에게 참여할 수 있는 기회를 주는 것이다.

- 지역사회를 변화시키고 사람들의 삶에 영향을 미치는 두세 가지 진짜 중요한 일에 초점을 맞추어라.

한나 핀그리는 메인 하원에서 최근 가장 어린 여성의원으로, 129선거구의 해안을 따라 위치한 마을과 섬들을 대표하고 있다.

새로운 아이디어를 운동에 접목하라
Act Outside the Box

다이안 맥아천, 51, 메릴랜드 타코마 파크

Diane MacEachern, 51, Takoma Park, Maryland

아침저녁으로 몇 달 몇 년을, 매일 같이 같은 이슈에만 매달리다
보면 그 주제가 아무리 중요하더라도 혹은 이것에 대해 강한 신념
으로 일하고 있더라도 어느 때 가서는 싫증을 느끼기 마련이다.

1970년대 후반 "보틀빌bottle bill" 24) 운동가들이 직면한 상황이
바로 그런 것이었다. 십여 개 주의 시민들이 긴 세월에 걸쳐 보틀
빌을 통과시키려고 캠페인을 해 왔다. 보틀빌은 소비자에게 음료
수병과 맥주캔 값을 5센트나 10센트 부과하여 상점에 되돌려주게
하는 법률이다. 비슷한 법이 오리건, 버몬트, 미시간, 메인에서 이
미 통과되었는데 그 영향으로 아무데나 버려지는 쓰레기도 줄었
고, 재활용 습관을 권장하고, 에너지 절약의 효과도 있었다. 많은
풀뿌리 모임에서 이 법을 통과시키려고 애쓰면서 전국적으로 보
틀빌을 통과시키기 위해 힘을 실어 주었다.

---

24) 유리병과 캔을 수집해 오면 5센트를 돌려주는 예치금 제도 관련 법률
이다.

그러나 과제가 보통 어려운 것이 아니었다. 소다 음료와 맥주 생산 기업들은 맹렬하게 법안에 반대하며, 수백만 달러를 써서 풀뿌리 운동을 보란듯이 좌절시켰다. 몇 년 뒤, 시민 모임들은 희망을 잃었다. 어떤 주에서도 보틀빌이 통과되지 않을 것 같았다.

1977년, 나는 워싱턴DC에 있는 환경 액션Environmental Action에서 보틀빌 캠페인을 지지하는 운동가들과 일하고 있었다. 전국 각지의 자원봉사자들과 이야기를 나누며 분명해진 것이 한 가지 있었다. 일에 대한 신념과 열성은 대단한 이들이었지만 돈과 권력을 막대하게 가진 적과 싸우는 데 모두 지쳐 있었다. 힘을 모으고 미디어에 노출도 시키고 국가적 관심을 자극하는 새로운 접근방법을 통해 자원봉사자들의 기운을 어떻게든 되살려야 했다.

곳곳에 즐비하게 버려진 음료 용기를 보고 있던 어느 날, 한 가지 아이디어가 퍼뜩 떠올랐다. 전국에 있는 많은 시민운동가들을 동원해 수천 수만 개의 빈 음료수 용기와 맥주캔을 백악관에 보내면 어떨까? 간단한 행동으로 우리는 대통령에게 국가적인 보틀빌 통과 압력을 가할 수 있고, 지역에서 재미있는 행사를 즐길 수 있을 것이다!

나는 재빨리 캔 크기의 스티커 라벨 디자인을 만들었다. "카터 대통령께: 이것은 매년 버려지는 70억 개의 음료 용기 중 하나일 뿐입니다. 이 용기들이 미국을 더러운 쓰레기터로 만들고 있을 뿐만 아니라 에너지도 낭비합니다. 보틀빌이 통과되면 하루에 81,000배럴의 기름을 절약할 수 있습니다. 대안으로써, 모든 맥주와 소다 음료캔과 병의 국가 보증금제를 지지합니다. 카터 대통령, 의회를 재촉하여 보증금제를 채택하도록 부탁합니다."라고 썼다. 보내는 사람의 서명을 쓸 공간도 만들었다.

수천 개의 스티커 라벨들은 지역 조직책 앞으로 우송되고, 캔을 모으는 여러 방법, 미디어 행사를 진행하는 방법 등 지침서도 함께 배부되었다. 캔에 적당한 우표가 붙고 우체국 직원이 다치지 않도록 뚜껑만 잘 밀봉되어 있으면 발송은 합법적이었다. 수백 명의 조직책이 캠페인을 개최했는데 그 자리에서 새 자원봉사자도 합류시켰다. 어떤 지방에서는 지역 학교, 교회, 시민 모임들도 이 행사에 참여했다. 그들은 캔을 백악관으로 보낼 때 우체국에서 기자회견을 열었다. 한편 나는 캔에 보도자료를 붙여 신문, 라디오, TV 방송국의 편집장과 기자들에게 보냈다. 미디어가 보틀빌을 "오래된 얘기"라고 무시했지만 그들은 캔을 둘러싼 보도자료를 무시하기는 힘들었다.

결국 "캔을 카터에게Cans to Carter" 캠페인의 반응은 예상을 훨씬 뛰어 넘었다. 카터 대통령은 미국 각지의 관심 있는 시민들로부터 총 50,000개가 넘은 캔을 받았다. 대통령이 10,000개의 캔을 받을 때마다 우리는 새 보도자료를 내보냈다. 캠페인이 끝날 즈음 1,300회에 걸쳐 엄청난 신문, 라디오 그리고 텔레비전 뉴스 이야기들을 만들어냈다.

우리가 50,000개 캔을 보낸 후에, 상원을 설득해 보틀빌을 어떤 방법으로 해야 하는지를 토론하는 청문회를 열게 되었다. 완전한 승리는 아니었지만, 우리의 노력은 많은 주에서 보틀빌 통과를 위해 일하고 있는 시민운동가들에게 힘을 불어 넣었다. 그리하여 코네티컷, 델라웨이, 하와이, 아이오와, 매사추세츠 그리고 뉴욕이 주법을 통과시키게 되었다. 2002년에 11개 주에서 용기 보증금제 법을 실시하고 있다.

MoveOn Tips

- 당신의 캠페인에 관련 있는 독특한 아이디어를 생각해 보라. 아이디어가 기발할수록, 창조적일수록 자원봉사자를 더 많이 모을 수 있고 더 많은 지원 기금을 모을 수 있다. 그리고 일은 더 재미있어진다.

- 행사를 되도록 쉽고 단순하게 짜라. 명백한 지침을 정하고 단계별 실행계획을 마련하여 참가하는 사람들이 큰 목적을 향해 가면서 작은 승리감을 맛보도록 해 주는 것이 좋다.

- 참여하는 사람들이 창조력을 발휘할 여지를 남겨 두자. 큰 아이디어를 제시했으면 구체적 방법은 참가자들이 계획하고 운영하도록 맡겨라.

- 행동 지침에 항상 "미디어에 알려라"를 포함하라. 기발하고 또 창조적일수록 미디어의 관심을 더 얻을 수 있다는 사실을 기억해라.

다이안 맥아천은 작가, 정치 활동가이며 가족으로는 남편과 두 명의 십대 아이들이 있다.

서론 / 게일 시이히

지역사회에 봉사하라

불의와 비리에 끝까지 맞서라

전국 이슈도 지역에서부터 시작하라

집회에 참여하라

법을 지키도록 촉구하라

법률 개정을 발의하라

사회적 책임을 다하는 직업을 구하라

가족과 함께 행동에 나서라

정치 토론모임을 주최하라

당신의 돈을 변화를 위해 써라

여럿이 함께 의사표현할 수 있는 방법을 찾아라

예술로 당신의 주장을 표현하라

창의적으로 메시지를 광고하라

V.

당신의 행동 모두가 정치다

Personal Action is Political

서론
Introduction

게일 시이히, 작가 & 저널리스트
Gail Sheehy, Author and Journalist

나는 베이비부머post—boomer 이후세대들이 미디어에서 돈 받고 수다 떠는 연예인들의 잡담에 질린 나머지 영원히 정치에 등을 돌리고 냉소적인 귀차니즘의 세계에서 살지 않을까 두려워하고 있었다. 그러나 이상은 죽지 않고 살아남는 법이다! 무브온이 정치에 무관심한 세대를 이끌어 진보 정치행동 진영으로 안내하고 있다. 때를 딱 맞추어 용케 기회를 잘 잡았다! 무브온의 장점은 정치 참여를 우리 방식으로 할 수 있게 해준다는 점이다. 온라인으로 상호작용하며, 아무도 배척하지 않으면서 정치를 한다. 자기집 응접실 안락의자에 앉아서 참여할 수 있다.

의사당에는 정치인들의 재선을 성공시킬 수도 혹은 좌절시킬 수도 있는 잘 차려 입은 로비스트와 방위관련업체 큰 손들로 북적거린다. 의원들은 재선을 위해 이들 힘있는 브로커들의 비위를 맞추느라 애쓴다. 이 두 그룹의 공통점이란 그들 만의 이익을 위해 존재한다는 사실 외에는 없다. 일부에서는 이를 포토맥 강 위의 베르사이유Versailles on the Potomac, 즉 거울의 방hall of mirrors이라고 부르기도 한다.

누가 이 낡은 질서를 깰 수 있을까? 당신이 할 수 있다. 어떻게?
유권자 그룹이 열렬히 외친다면 어떤 정치인의 관심도 끌어낼 수
있는 네 마디 단어가 있다: "우리는 떠나지 않는다We're not going
away." 9/11 이후의 과정을 기록한 내 책 〈미들타운 아메리카
Middletown, America〉의 주인공들 중에 뉴저지 주 출신 어머니들이
있는데 이 네 여성들이 사용한 이 네 마디 말을 나는 예로 들고 싶
다.

"자, 상원과 하원이 있는데, 어디가 더 사람이 많지?" 로리 반 오
컨Lorie Van Aucken은 웃었다. "아마 시민윤리 수업시간에 졸았나
봐." 때는 2002년 4월, 로리가 남편 케네스Kenneth를 세계무역센터
테러 공격으로 잃은 지 7개월이 지난 후였다. 그녀와 다른 세 명의
젊은 9/11 미망인들은 공격을 방어하지도, 적절히 대응하지도 못
한 원인을 캐내기 위해 독립적인 조사를 해 달라고 요구하기로 하
고 의회 앞 정치집회를 계획하고 있었다. 그들은 항상 어머니라는
사실 때문에 정치와는 무관하다고 생각하며 살아왔다.

크리스틴 브레잇바이저Kristen Breitweiser는 서른 살밖에 안 되는
나이였지만 다른 세 명보다는 세상일에 좀 더 밝았다. 법대를 졸
업하고 직장에 단 사흘 다니고는 마음에 들지 않아 전업 주부가
되었다. 그녀가 처음 슬픔과 절망을 이겨내기 위한 방법으로 선택
한 것은 변호사처럼 생각하기였다. 나와 같은 기자에게 다음과 같
은 질문을 던지는 것이다. "어쩌면 이렇게 굉장한, 조직 전체에 걸
친, 철저한 실수를 저지를 수 있었을까? 연방비행관리국, 국가안
보국, CIA, 비밀 검찰국 그리고 FBI 등 여러 국가 정보기관이 무얼
하고 있었다는 것인가? 항공기 4대가 미국 상공에서 동시에 납치

186

당했다는 것을 아무도 모르고, 4대가 모두 표적을 맞추어 파괴되기 전까지 막아 볼 생각도 못 했다는 것이 있을 수 있는 일인가? 우리는 수억 달러를 방위비로 지출하고 있는데, 왜 평범한 미국 시민들이 이 사실을 조금도 이상해 하지 않는지 나는 이해할 수 없다."

네 명의 어머니들은 인터넷에 들어가 스스로 정보를 수집하고, 네티즌 전사들의 네트워크를 만들었다. 그들은 크리스틴의 자동차로 매주 한 번씩 워싱턴DC를 방문, 독립조사위원회 안을 지지하도록 의원들을 설득하는 "미망인 걷기widow walkabouts" 행사를 가졌다. 워싱턴DC에서 큰 집회가 있던 날, 중요 인물들은 몇 명밖에 참석하지 않았다. 9/11에 사랑하는 이들을 잃은 100,000명의 가족들 중 100명쯤이 자리에 참석했는데, 그들 앞에서 네 어머니들은 혼신을 다해 외쳤다. "왜, 첫 번째 항공기가 납치되어 세계무역센터에 충돌한지 몇 시간이나 지난 뒤에도 93편 항공기가 우리 뒤에 있는 이 건물에 추락하는 것을 막는 일이 토드 비머Todd Beamer와 용감한 승객의 몫이어야 했나?" 이 행사가 언론의 집중 보도를 받을 것이라는 소문이 의사당에 퍼졌다. 그러자 단상의 자리가 채워지기 시작했다. 고매한 활동에 가담할 기회인 것을 알아챈 의원들이 나타났던 것이다. 민주당 의원도 있고, 공화당 의원도 있었다.

3개월 후, 크리스틴은 정보국에 대한 조사활동의 일환으로 열린 첫 번째 상하원 공동 공청회에서 희생자 가족들 대표로 선출되어 증언하게 되었다. 공청회 직전, CIA 대변인은 사전 논평을 유인물로 배부하며 "흐느끼는 미망인이 필요한 때인가요? 지금 오프라 윈프리 쇼를 하자는 건가요?"라며 그녀의 등장을 비꼬았다.

젊은 미망인은 이에 끄떡 않고 기다란 증인석에 자리 잡았다. 그녀는 높은 단상에 즐비하게 앉은 상하원 위원회 의원들과 그 뒤에 자리 잡은 수 많은 스탭들을 올려다보았다. 크리스틴의 테이블에는 그녀 홀로 앉아 있었다. 로리는 크리스틴 앞에 점박이사탕 상자 하나를 탁상에 갖다 놓았다. 그녀가 점들을 서로 이어주기 위해 그곳에 있다는 사실을 기억하라는 뜻이었다. 사탕이 든 상자를 보고 크리스틴은 살짝 웃었다. 그리고 그녀는 20분 간 과거와 현재의 국가 지도자들이 가장 기본적인 의무, 즉 국민들을 외국의 공격으로부터 지켜주는 의무를 어떻게 다하지 못했는지 놀랍도록 구체적인 증거를 제시했다.

크리슨틴의 발언이 얼마나 큰 성공이었는지는 바로 그 다음날 백악관에 초대받은 것으로 증명되었다. 독립위원회 구성을 막기 위해 온갖 수단을 다 쓰던 대통령 정치고문들도 할 수 없이 방침을 바꾸었다. 다음 날, 상원은 절대 다수 90 : 8의 지지로 광범위한 독립조사활동안을 통과시켰다. 이 승리 이후 부시정부는 이 계획을 겉으로는 지지하고 뒤에서는 가능한 모든 방어 장치를 만드는 노련한 사기술책을 부리기는 했다. 그러나 네 명의 어머니들은 활동을 멈추지 않고 그들이 만나는 모든 사람들에게 같은 네 단어 "우리는 떠나지 않는다"를 반복했다.

조사활동안의 공동 상정인이었던 하원의원 팀 로머Tim Roemer는 9/11조사위원회는 네 명의 어머니들이 없었으면 생기지 않았을 것이라고 말했다. 그는 "많은 미국인들이 투표권조차도 행사하지 않으려는 요즘 당신들이 나서서 입법 시스템이 제 역할을 하도록 만들었다"며 그녀들을 격려해 주었다.

법조계에서 높이 존경 받는 전 부법무장관 제이미 고레릭Jamie Gorelick은 TV로 중계되는 공청회에서 네 명의 어머니들에게 다음과 같이 말을 걸었다. "나는 소환 권한도 없고 어떤 종류의 내부 정보에 접촉할 권한도 없는 사람들이 이 위원회의 길잡이가 된 강력한 질문과 사실을 제시할 수 있다는 것이 감탄스럽다. 매우 놀라운 일이다. 자, 당신들의 비결이 뭐냐." 그날 공청회에서 통렬한 증언을 한 민디 클린버그Mindy Kleinberg는 이에 대해 간단히 대답했다. "18개월 동안 비통해 하며, 작은 점들Dots을 잇는 일을 해 왔을 뿐이다."

테러리즘으로 상처받은 마음과 무너진 가정으로 허덕이는 네 명의 어머니들이 그들의 목소리를 정부의 가장 높은 직위에 있는 인사의 귀에 들리게 할 수 있었다면, 당신도 그렇게 할 수 있다. 이 장에서 당신이 참여할 수 있는 다양한 길을 찾을 수 있을 것이다.

게일 시이히는 *Passages, The Silent Passage, Understanding Men's Passages*의 저자다. 최근작으로는 *Middletown, America: One Town's Passage from Trauma to Hope*이 있다. 뉴욕 타임즈에서 "미국의 감정 투어 가이드, 국가 치료사"라는 평을 받았다. 또한 정치 비평가로 Vanity Fair를 통해 방대한 정치평론을 써 왔으며 Hillary's Choice를 집필했다.

지역사회에 봉사하라
Serve Your Community

아서 I. 블라우스틴, 67, 캘리포니아 버클리

Arthur I. Blaustein, 67, Berkeley, California

자원봉사자로서의 내 첫 경험은 1964년에 시작되었다. 나는 콜롬비아의 대학원생일 때, 인종평등을 위한 회의CORE, Congress of Racial Equality에서 이주노동자 캠프 실태조사를 한 적이 있다. 그 일 년간의 경험은 내게 가치를 매길 수 없는 교훈을 새겨 주었다. 나는 UC버클리 대학의 아메리콥스AmeriCorps 프로그램에서 자원봉사 자문위원으로서 일하는 지금까지도 여전히 배우고 있다.

자원봉사자로서 30년 동안 겪은 체험과 수백 명의 자원봉사자와 함께 일해 본 이력으로, 내가 확실히 말할 수 있는 사실은 지역사회 봉사는 쌍방향적이고 호혜적인 활동이라는 것이다. 즉 주고 받는 것이 자원봉사다. 남을 도와주는 행동 자체가 우리의 선천적인 동정심과 관대함을 우러나게 하고 또한 우리는 기쁨과 활력을 얻는다.

나는 이것을 5년 전 나의 미국학 강의 시간에 실제로 경험했다. 대학 4학년생이 대부분인 이 반에 여름 중간고사 시험이나 16시간의 지역사회 봉사 중 하나를 선택하도록 했다. 학생들은 무슨 일이 기다리고 있는지 모르면서도 모두 봉사를 선택했다. 그들은 대학 내의 공공 자원봉사센터에서 마련한 60가지 종류의 활동 중 한 가지를 선택할 수 있었다.

다음은 한 학생이 자기 경험에 대해 쓴 글이다. "지난 주, 나는 좋아하는 학생 중 하나가 집 없는 아이라는 사실을 알았다. 그 아이가 숙제를 해 오지 않고, 학교에서 공부를 열심히 하지 않는다고 꾸짖는 건 말도 안 된다. 그것보다는 그가 겪고 있을 생활의 온갖 어려움에 비하면 숙제나 학교강의는 그 애에게 너무나 사소한 일일 것이기 때문이다. 나는 교사가 되고 싶다는 열망이 끓어 오르는 것을 느꼈다. 여태껏 한 번도 교사라는 직업을 생각해 본 적이 없는데 말이다. 이 아이들이 자라고 나서 나를 잊을지도 모른다. 그러나 나는 애들을 절대로 잊지 않을 것이다. 이 애들 때문에 나는 확실히 다른 사람이 되었고 성숙한 인간이 되었다."

학생들에게 듣는 평가는 대부분 이렇다. 전문적 연구나 평가도 '자원봉사와 학습의 연계service—learning'가 확실히 개인 자원봉사자를 여러 방면으로 강화시키고 성장시킨다고 증명한다.

37년 전, 빈곤타파전쟁War on Poverty과 미국 빈민지구 파견 자원봉사활동VISTA, Volunteers in Service to America의 멤버로 내가 할렘가에서 가르칠 때 겪었던 것과 비슷한 내적 변화를 내 학생들이 경험하는 것이다(VISTA는 현재 AmeriCorps의 한 부분으로 흡수되었다). 자원봉사활동을 통해 우리는 이 활동이 아니면 접할 수 없는 사람들의 복합적인 일상생활을 체험할 수 있고, 우리의 삶과는 매우 다른 공동체와 마주하게 된다. 우리는 매우 어려운 사회·경제적 현실과 마주할 수밖에 없다. 이를 통해 학생들은 우리 사회의 불공평함과 부정의에 대해 배우게 되고, 우리들 대부분이 너무나 당연하게 생각하는 교육, 사회, 경제적 기회를 얻지 못하는 고통 받는 아이들의 생활을 보게 된다.

윤리적 가치관과 건강한 공동사회는 상속되는 것이 아니다. 각 세대의 활동들을 통해 다시 재창조되든지, 그렇지 않으면 없어지는 것이 윤리적 가치관과 건강한 공동체 의식이다. 이러한 가치관과 공동체를 만들어가는 일을 통해 AmeriCorps, VISTA 그리고 다른 사회봉사 기관은 특별하고 훌륭한 기관이 된다. 그들은 우리 개인과 사회가 최고의 가치관과 원칙을 계속 쇄신하도록 도와준다.

아무도 배척하지 않고 좋은 영향을 끼치려고 애쓰는 것이 봉사의 목표다. 즉 다양성을 존중하고, 환경을 보호하고, 국가의 교육, 사회, 경제 정책을 풍부하게 하여 인간 존엄성을 향상시키는 것이다. 자원봉사―남을 보살피고 무언가 한다는 것―는 우리 개인의 삶을 실제로 변화시킨다. 비판적 판단과 성숙한 행동에 필요한 도덕적 지식을 성장시키기 때문이다.

지역공동체 봉사는 우리가 이상과 현실을 통합시킬 수 있게 도와준다. 적절하고 건강한 현실감이 없는 이상주의자는 고지식한 낭만주의자가 될 가능성이 크다. 또 이상이 없는 현실주의자는 비판주의자가 될 수 있다. 봉사활동은 우리의 이상을 현실적인 틀 안에 위치시키도록 도와준다.

20세기 가장 영향력 있는 미국 여성으로 꼽히는 엘리노어 루즈벨트Eleanor Roosevelt[25]의 장례식에서 "그녀는 어둠을 저주하기보다는 촛불을 킨 여성이었다."고 평가받았다. 이는 지금의 우리에

---

25) 엘리노어 루즈벨트는 미국에서 가장 존경 받는 여성 중의 한 명이다. 그녀는 1933년부터 45년까지 대통령 프랭클린 루즈벨트의 영부인이었고 남편의 뉴딜정책을 지지했다. 그리고 그녀는 미국 흑인의 삶을 개선하기 위해 노력했다. 남편의 사후에도 유엔 대표로서 인권향상을 위해 일했다.

게도 통하는 말이다. 변화를 위한 선택은 우리의 것이다.

MoveOn Tips

- 당신의 개인적 열정, 능력, 관심에 맞는 자원봉사활동을 선택하라. 예를 들면, 당신이 비공개적으로 지원해 주는 일을 더 좋아하는지, 직접적으로 사람들과 함께 일하면서 도와주는 일을 더 좋아하는 사람인지 생각해 보라. 평소에 관심이 많은 분야일수록 오래 지속할 수 있을 것이다.

- 대부분의 자원봉사활동은 다양한 시간 할애의 기회를 제공한다. 당신과 단체에 매주 혹은 매달 특정한 시간을 할애해 보라. 한 달에 몇 시간만으로도 변화를 가져올 수 있다.

- 당신의 가족, 친구, 동료 혹은 조직으로부터 봉사활동의 도움을 받아라. 함께 봉사하는 일은 유대감을 강화하고, 아이들에게도 좋은 경험이 될 것이다.

- 비영리 온라인 봉사단체인 VolunteerMatch를 통해 미국 전역의 봉사단체에 대한 정보를 얻어라. www.volunteermatch.org에 당신의 우편번호를 입력하면 지역 내의 자원봉사 기회에 대한 정보를 얻을 수 있다.

- 지역사회를 강화시키는데 도움을 줄 전국 및 지역사회 봉사단Corporation for National and Community Service의 웹사이트를 체크해 보라(www.cns.gov/)

- 교육, 공공 안전, 건강, 환경 등 분야에서 시급한 소요 항목을 해결하기 위해 연간 5만 명의 미국인이 동참하고 있는 국내 자원봉사 프로그램인 AmeriCorps에 가입하라(www.americorps.org/)

● 당신이 25세 이하라면, SERVEnet(www.servenet.org/)을 통해 젊은 자원봉사자들이 활동하는 단체를 찾아보라. SEVENet은 미국 청소년 자원봉사단체Youth Service America로 5세에서 25세 사이의 젊은 미국인들의 자원봉사 기회를 증가시키기 위해 여러 단체들과 협력하는 센터이다.

아서 I. 블라우스틴은 UC버클리 대학에서 지역사회 발전, 도시정책, 사회역사를 강의하는 교수이다. 그의 최근작으로는 *Make a Difference: America's Guide to Volunteering*과 *The American Promise: Justice and Opportunity*가 있다.

불의와 비리에 끝까지 맞서라
Defy City Hall

제를린 페이 켈레, 53, 버지니아 리치몬드

Jerilyn Fay Kelle, 53, Richmond, Virginia

1979년 나는 오클라호마의 케이 카운티에 살고 있었다. 그 해 목격한 어떤 사고가 내 인생을 바꾸어 놓기 전까지 나는 어떤 정치 행동도 해 본 적이 없었다. 한 농부의 10대 아들이 농장 곡물을 지역조합으로 운반하던 중 사고가 났다. 당시 나는 보험회사 직원으로 일하고 있었기 때문에 항상 카메라를 지니고 다녔고, 그래서 사고 사진을 찍은 후 가족들과 얘기를 나누었다. 가족들에 의하면, 곡물이 가득 실린 트럭을 운반해 본 적이 없는 아들이 시골 차길에 있는 웅덩이를 피하려다가 무거운 트럭이 뒤집히면서 발생한 사고였다는 것이다. 결과적으로 영세 농가였던 그들은 자동차 보험 가입을 수확 이후로 미루고 있었고, 무보험으로 트럭도 잃고, 결국에는 농장까지 잃게 되었다.

나는 이 농가의 일에 너무 가슴이 아팠다. 그때부터 유심히 보니 소규모 농장지역 도로에는 잘 사는 농부들이 사는 대규모 농장지역보다 웅덩이가 더 많다는 사실을 알게 되었다. 나는 비록 9명의 자녀를 둔 가난한 노동자 집안에서 자랐지만, 더 이상 "빈곤 지역"에 살고 있지는 않았다. 내가 의문을 던지기 시작하니 사람들은 내 집 앞의 길은 나쁘지 않으니 걱정할 것 없다고 대꾸했다. 그러나 나는 사고를 당한 그 농부의 눈에 비친 절망과 좌절을 잊을 수 없었다.

여기 저기 묻다보니 결국 우리 카운티의 행정관에게까지 가게 되었다. 나는 사실 잔뜩 겁을 먹었다. 생전 공직자를 직접 찾아가 본 적이 없기 때문이었다. 품에 어린아들을 안고 나는 그의 책상 앞으로 다가갔다. 좋지 않은 도로 상태에 대해서 머뭇머뭇하며 질문하면서 내가 찍은 사진을 보여 줄 때 내 손과 목소리는 분명히 떨렸을 것이다. 그는 의자 깊숙이 기대어 앉아 신고 있는 부츠로 책상을 치면서 내게 아이를 데리고 집으로 돌아가 부엌일이나 제대로 하라고 했다. 문을 가리키면서 그는 "방해하지 말고, 날 그냥 두는 것이 당신에게도 좋을 거야"라고 말했다.

우스운 것은 그가 나를 안심시키고 달래려 들었더라면 아마 난 이 문제를 포기했을지도 모른다. 그러나 나는 그의 태도에 격분했고, 몇몇 지역신문에 편지를 쓰게 되었다. 놀랍게도 내가 보낸 도로 사진과 사고 내용이 적힌 편지는 신문에 실렸다. 얼마 후 오클라호마 지방 수사국은 카운티 행정관을 비공개 수사하라는 지시를 내렸고, 수사관은 도로 수리를 위해 사용되어야 할 돈이 행정관의 주머니로 들어간 사실을 보고했다. 1981년 말, 주의 대부분 카운티 행정관이 구속되거나 부패 혐의로 기소되었다.

그 조사나 결과가 내 공이었다고 말하고 싶지는 않다. 그러나 그 날 그 공직자 탈을 쓴 채 지역주민의 등골을 빼 먹던 인간이 내 입을 막는 것에 굴복하지 않고, 비리를 폭로시켰던 내 자신이 무척 자랑스럽다. 나는 그때까지만 해도 행정관들이 열심히 일하는 오클라호마 주민을 속이고 있었다는 사실은 몰랐다. 그러나 그가 내 말에 귀

기울이지 않은 (사실상 모욕한) 사실은 무언가 잘못된 일이 벌어지고 있다는 신호였다. 그것은 내가 자랑스러워하는 미국이 아니었다. 제대로 된 자치정부가 아니었다. 그가 민주주의의 이상을 무시하는 것을 보았을 때 나는 포기하지 않았다. 우리의 공직자인 그가 부끄러운 삶을 살지 않도록 만들겠다는 내 결의는 오히려 더욱 강해졌다.

시민들의 민주적 삶을 지키기 위해 시민이 할 수 있는 일 그리고 해야만 하는 일에 대한 믿음이 강화되어 나는 그 후 의회에서 일할 수 있는 기회를 주는 전국 여성 펠로우쉽에 뽑히게 되었다. 그 이후 나는 로비스트 및 풀뿌리 운동단체 활동가가 되었다. 내 여행은 작은 마을에서, 카운티 행정관이 내 말을 들어주지 않았기 때문에 시작되었다. 내가 한 번도 우리 모두에게 주어진 자유와 정의에 대한 이상을 버리지 않았기 때문에, 또 내가 "우리 모두"라는 단어에 대한 확고한 믿음을 포기하지 않았기 때문에 지금 이곳에 와 있다.

MoveOn Tips

- 당신이 말하고자 하는 것과 공직자의 입장과 고민 두 측면을 모두 고려하며 대화를 이끌어 가는 자세로 공직자에게 다가가야 한다.
- 차분하고 분별 있는 태도로 토론에 임하라. 감정은 당신의 말에 자연스럽게 활기를 줄 것이지만, 격앙된 토론으로 만들 수 있는 음성은 자제하라.
- 당신의 입장을 지지해 줄 증거―신문 기사, 사진, 개인들의 증언 등―를 수집해 가지고 임하라. 공직자가 당신의 이슈에 대해 모를 수도 있다는 것을 잊지 마라.

제를린 페이 켈레 박사는 Mary Baldwin 대학에서 조교수로 일하고 있다.

전국 이슈도 지역에서부터 시작하라
Respond Locally to National Issues

브렌다 쾰러, 51, 펜실베니아 몬톤
Brenda Koehler, 51, Mohnton, Pennsylvania

내 친구 채린Charyn은 반테러법Patriot Act이 우리 시에서 실시되는 것을 반대하는 결의문의 지지를 호소하는 이메일을 돌렸다. 반테러법은 테러리스트들을 잡기 위한 취지로 2001년 10월 통과되었으나 사실상 미국 시민들의 핵심권리를 박탈하는 법이다. 이 법은 정부가 미국 시민이 변호사를 선임할 권리를 부정하고, 수색영장 없이 가택수색을 하고, 비밀리에 시민들을 수감하고, 무기한적으로 구금할 수 있고, 우리의 이메일을 읽고, 의료 · 재정 · 교육기록을 열람하고, 법원의 명령 없이 대화를 도청하는 등의 활동을 해도 된다고 허락하는 법이다. 나는 반대결의안이 통과될 것이라는 믿음에서가 아니라 우리의 기본적인 입장을 보여줄 필요를 느껴 시의회 공청회에 참여했다. 이라크에 대한 선제공격 이후, 어두운 나날을 보내고 있던 그때, 나는 비록 작은 노력에 지나지 않을지라도 이상적이고 민주주의적인 행동에 참여하고 싶었다.

탄원서를 지지하는 사람들이 시의회를 가득 메웠다. 이 예측하지 못했던 상황은 300페이지의 반테러법 내용을 읽지도 않고 우리의 탄원서를 기각하려 했던 시의회 결정에 기습을 가하게 되었다. 시의원들은 반테러법의 제목 자체가 내용을 반영한다고 짐작하고 있다가 수많은 반대자들의 존재를 알고 일주일간 공청회를 미루고 자신들이 실제로 법안을 검토할 시간을 갖기도 했다.

일주일 후인 4월 29일 공청회에는 서로 다른 입장을 극복하고 자치권과 자결권에 대한 근본적인 믿음을 지키려는 한 사람들로 넘쳐났다. 몸에 문신을 한 백인 우월주의자들, 녹색당 당원들, 나무랄 데 없이 차려입은 변호사들이나 학자들, 부유해 보이는 사업가, 긴 치마를 입은 민주당원 등 다양한 그룹이 서로 모여 인상적이고 위력적인 힘을 보여주고 있었다.

군중 중에서 최초로 그리고 가장 강력한 연설을 한 발언자는 전 KKKKu Klux Klan 회원이며 유명한 백인 지상주의자 로이 프랭크하우서Roy Frankhouser였다. 프랭크하우서는 그의 괴상한 이념에도 불구하고 개인의 자유에 대한 열정적이고 강력한 발언으로 큰 박수를 받았다. 나는 그의 능란한 화술에 놀라 "와, 정말 대단해!"와 "아니야, 정말 무시무시해!"라는 생각을 연이어 했다.

백발의 퀘이커교도 프래드 리치Fred Rich 박사는 벤자민 프랭클린의 말을 인용해 "약간의 안전을 위해서 자기의 자유를 파는 사람이 있다면 안전도 자유도 얻을 자격이 없다"라고 말했다.

러트거스Rutgers 대학의 부학부장 낸시 오마하 보이Nancy Omaha Boy 박사는 우리 카운티 하원의원 팀 홀던Tim Holden은 반테러법에 어떤 조항이 있는지도 모른 채 찬성표를 던졌다고 폭로했다. 그때 연방의회가 반테러법의 통과를 초고속으로 밀어 치웠기 때문이었다.

변호사 수잔 스콜Susan Scholl은 반테러법이 일 년 동안 시민의 자유를 이미 침해한 실제 사례를 제시했다. 그 중 한 사례로 변호사 앤드류 오커너Andrew O' Corner가 "부시는 제정신이 아니다"라는 말을 도서관 컴퓨터에 친 일로 체포되어 5시간의 조사를 받았던 사례를 들었다.

그날 밤 이들 이외에도 녹색당 의장 스태판 크지코프스키Stefan Kosikowski, 젊은 대학생 도온 윌리엄스Dawn Williams 또 다른 녹색 당원 제나로 플라노Jennaro Pullano 등의 많은 감동적인 발언들이 있었다. 각자의 발언 끝에는 항상 크고 긴, 절대적인 환호로 의회장이 들썩였다.

나를 포함하여 우리 지역이 전통과 엄격한 보수적인 곳이었기 때문에 참여했던 많은 사람들이 반테러법을 반대하는 결의문이 채택될 것이라고는 생각지도 못했다. 그날의 의회 투표결과, 반테러법 반대표가 5대 2로, 우리는 유쾌한 승리를 거두었다. 집에 오면서 나는 우리 지역사회에서 변화를 이끌어냈다는 실감나는 미국 시민의 성취감으로 크게 도취되었다.

MoveOn Tips

● 반테러법에 반대할 수 있는 대책을 마련하기 위해서 www.bordc.org/Tools.htm을 방문하여 정보와 지지를 공유하자.

브렌다 퀄러는 펜실베이니아 쿠즈타운Kutztown에서 대학을 다니는 비정규 학생이다. 그녀는 우편배달부에서 글을 쓰는 학생이 되었다.

집회에 참여하라
Attend a Rally

미세린 아로니안 마컴, 35, 캘리포니아 버클리

Micheline Aharonian Marcom, 35, Berkeley, California

나는 소설가다. 지난 6년간 1차 세계대전과 그 이후 오토만 터키에서 있었던 아르메니아 인종 학살에 대한 3부작을 쓰고 있다. 나는 소설이 정치적 의식에 중요한 기여를 할 수 있다고 믿는다. 그러나 때때로 행동이 필요하다는 것도 알고 있다. 그때에는 예술가들도 그들의 아틀리에를 나와 다른 인도주의자들과 반전 동료들과 함께 거리로 나서 현재의 불의를 바로 잡아야 한다.

2002년 겨울과 2003년 봄에 나는 세계의 다른 수많은 사람들과 함께 아직 시작하지 않은 전쟁에 반대하기 위해 거리로 나섰다. 집회 참가자들의 수는 그 동안의 모든 기록을 깼다. 예상 못한 규모의 사람들이 예상하지 못한 상황, 즉 예고된 전쟁을 반대하는 집회에 참가한 것은 고무적인 일이었으며 희망의 원천이었다.

2003년 2월 15일 집회가 있기 전, 나는 극단적 보수주의자들이 백악관에서 벌이는 일에 대해서 그리고 그들이 우리 모두, 미국인과 전 세계인들을 돌아올 수 없는 길로 끌고 가려는 것에 매우 우울해 하고 걱정하고 있었다. 나는 시민의 한 사람으로서 베이 지역Bay Area 사람들과 함께 우리의 정부('우리'의 정부라고 주장해야 한다)가 하는 일에 우리 몸으로 "NO"를 외쳐야 할 필요가 있다고 느꼈다.

그리하여 여러 해 만에 처음으로 거리 집회에 참여하게 되었는데 이번에는 남편과 어린아들도 함께 참여했다. 유모차와 과자꾸러미들, 재킷, 담요, 물병, 우유병, 장난감들을 준비했다. 이웃들과 가까운 친구들과 집 앞에서 만날 약속을 잡았다. 오전 9시가 되자 우리 14명이 모두 모였다. 갓난아기들과 임산부도 있었다.

그날은 아름다운 겨울날이었다. 하늘은 청명했고 차가운 바람이 불었다. 우리는 걸어가면서 많은 사람들이 같은 방향으로 걷고 있다는 것을 알았다. 더 가까이 갈수록 더 많은 사람들을 만났다. 그 순간 우리는 기분이 좋아졌다. 우리는 혼자가 아니었고 세상의 다양한 사람들이 우리와 함께 있었다. 유모차의 어린 아기에서부터 플래카드를 든 사람들 그리고 다양한 머리 스타일과 옷차림의 사람들이었다. 콩가 드럼과 서툰 기타 소리들도 들려왔다.

수많은 군중으로 인한 약간의 떨림과 가슴뛰는 즐거움을 안고, 많은 미국 시민들이 우리 정부의 호전적인 계획에 대해서 반대한다는 것을 우리 모두가 실제로 보고 알아야 할 필요가 있다는 것이 명백해졌다. 그래서 많은 미국인들이 어려운 시대에 헌법이 보장하는 표현의 자유 권리First Amendment right를 열정적으로 누리며 활기에 가득 차 행진하게 될 것이다.

나는 아들을 오랫동안 무동을 태웠다. 샌프란시스코 거리 양쪽으로 눈에 보이지 않을 만큼 멀리까지 줄지어 선 인파를 볼 수 있도록 말이다. 나는 아이가 이 날을 기억할지 궁금했다. 그러나 그런 건 상관이 없었다. 우리가 그 애에게 얘기해 줄 테니까. 그리고 미국에서 계속 민주주의가 지속되기 위해 시민행동과 시민봉사가 얼마나 중요한지 가르쳐 줄 테니까.

MoveOn Tips

- 표현의 자유를 행사하자. 우선 www.protest.net을 통해 당신의 지역사회에서 어떤 일이 일어나고 있는지 확인하라.

미세린 아로니안 마컴의 최근 소설로는 Riverhead Books에서 2004년 4월에 출간된 *The Daydreaming Boy*가 있다.

법을 지키도록 촉구하라
Instigate Protective Laws

로즈마리 샤한, 54, 캘리포니아 새크라맨토
Rosemary Shahan, 54, Sacramento, California

　내가 캘리포니아 레몬 그로브의 자동차 판매 대리점 앞에서 시위를 시작했을 때, 그 행동이 내 인생과 전국의 수많은 자동차 소유자에게 얼마나 큰 영향을 주게 될지 전혀 예상하지 못했었다. 멈춤이나 양보표지판이 없고 잘 보이지 않는 교차로에서 충돌사고가 난 후, 나는 차를 대리점에 가져가 수리를 요청했다. 직원은 2~3주 안에 수리해 주겠다고 약속했다. 그러나 수리는 계속 지연되었고, 곧 끝날 것이라는 말만 반복했다. 그러던 중에 내 차는 여러 조각으로 분해되었다. 3개월 후, 그들은 결국 부품을 다 주문도 하지 않았다고 실토했다. 나는 여러 기관에 연락하여 도움을 요청했으나 모두 사정은 딱하지만 도와 줄 길이 별로 없다고 말했다. 차 없이 출근하기도, 장을 보러 가기도, 평소처럼 생활하기가 너무 어려웠다.

　결국, 자포자기 하는 심정으로 피켓을 들고 시위를 시작했다. 대리점 딜러가 미동도 하지 않아 시위는 다섯 달이나 이어졌다. 나는 아마 세계 최악의 피켓 시위자였을 것이다. 사람들이 내 피켓의 글을 잘 볼 수도 없었고, 나는 햇볕에 심하게 타고, 발은 아팠다. 대리점 사장의 아들은 나를 경찰에 신고해 체포시키려 했다. 나는 체포된 경험이 없었기 때문에 그의 위협이 상당히 무서웠다. 그러나 경찰이 와서 얘기를 나눈 후 나에게 속삭였다. "절대 포기하지 마세요." 그 이후, 그들은 주변을 지나쳐갈 때마다 엄지를 치켜세워 주었다. 난 더 나은 피켓을 만들고, 햇볕을 가릴 수 있는 큰 모자를 썼고, 다리 아픈 것에도 익숙해졌다. 저녁과 주말에 피켓을 들었고, 가능한 최대의 시간을 쏟았다. 종종 친구, 동료, 이웃들이 나를 태워 데려다 주었다.

한 TV에 나의 곤란한 처지가 다루어졌고, 지나가는 사람들이 손을 흔들고 경적을 울려줬다. 한 사람씩 멈춰 서서 차에 관한 자기들의 심각했던 체험담을 들려 주었다. 어떤 사람은 악몽 같은 자동차 때문에 저축한 돈을 다 써 버린 이야기도 했다. 나는 곧 억울한 처사에도 속수무책으로 끝나 버리는 일이 비일비재하다는 것을 비로소 깨달았다. 내가 겪고 있는 난관이 사실은 겨우 빙산의 일각이었다는 사실을 알게 되었다. 무엇보다도 사람들이 안전하지 않는 차를 운전해야 한다는 것이 걱정되었다. 그래서 소비자가 어려움에 처했을 때 딜러에게서 보상 받을 수 있는 법이 있는지 조사하기 시작했다. 그리고 캘리포니아의 품질보증법warranty law에 치명적 결함이 있다는 사실을 알았다. 생산자가 자동차를 "적당한 횟수에" 걸쳐 수리하도록 허락한 다음에서야, 소비자가 환불이나 교환을 요구할 수 있게 되어 있었던 것이다. 그러나 여기서 "적당하다"는 횟수는 완전히 "부적당한" 것이었다. 나중에 포드 자동차 회사 대표가 증언한 바에 의하면, 차에 문제가 있으면 그 문제를 해결하기 위해 회사가 30번의 수리를 시도한 다음에야 환불이나 교환을 해 준다는 것이었다.

나는 무엇이 적당한 횟수인지에 대한 가이드라인을 만들기 위한 "레몬법lemon law"[26]이 필요하다고 생각했다. 그래서 사람들에게 소비자보호위원회Assembly Consumer Protection Committee 의장이며 캘리포니아 새크라멘토 하원의원이었던 빌 로키어Bill Lockyer에게 편지를 써 주길 호소하는 홍보물을 배포했다. 친구들이나 이웃들은 시간 낭비하는 짓이라고 말렸다. 그러나 내 가족은 지지해줬으므로 나는 일을 계속했다. 랄프 네이더Ralph Nader가 설립한 캘리포니아 공익문제연구그룹CALPIRG, California Public Interest Research Group의 소비자 담당자가 지지를 보내왔고, 지역사회를 참여시킬 수 있는 다양한 방법을 제시해 주었다.

레몬법의 개념은 주목을 받기 시작했다. 결함이 있는 차를 가진 사람들은 의원들로부터 받은 편지들을 내게 보여주기 시작했다. 로키어는 그의 사무실에 "많은 양의 편지"가 도착하고 있다고 연락했다. 그는 샌디에이고에서 있을 입법청문회의 스케줄을 잡았다. 나는 그곳에서 증언을 해줄 불량 차량 소유자들을 모았다. 위원회 회원 중의 하나인 하원의원 샐리 태너Sally Tanner가 법안을 제출했다. 그것은 "적당함"의 기준을 30일 간의 수리일 그리고(혹은) 큰 문제를 해결하기 위한 네 번의 수리 노력으로 규정했다.

나는 내가 레몬 그로브에서 피켓 시위를 할 때, 멈춰 섰던 사람들을 조직하고 "레몬에이드 퍼레이드"를 벌였다. 엄청나게 크고 색조 있는 거대한 막대사탕을 들고 "우리가 힘을 합치면 그들을 이길 수 있다."라는 피켓을 들고 행진했다. 행진은 언론에 대대적

---

26) 레몬법은 결함이나 규격에 미달되는 제품을 구매한 사람이 보상을 받을 수 있는 일종의 소비자보호법이다. 여기서 레몬이란 겉은 멀쩡하지만 품질은 형편없는 제품을 일컫는 말이다.

으로 보도되었다.

몇 달 동안, 대리점 직원들은 그들의 밴으로 우리를 덮칠 것처럼 위협하고, 우리에게 총을 겨누는 시늉을 하는 등 나와 내 동료 시위자들을 괴롭혔다. 판사가 제지명령을 내렸고, 결국 대리점 사장은 대화를 하기로 결정했다. 나는 대리점을 믿지 않았기 때문에 딜러에게 내 차를 다시 팔고, 직원이 차수리가 완료될 것이라고 얘기했던 날로부터 최종적으로 협상이 마무리된 날까지 하루 25달러의 보상금을 받는 것으로 협의했다. 나는 보상금을 받고 새 소비자 그룹을 조직했다.

자동차업계는 모든 수단을 다 동원해서 대응했고, 우리는 시위를 조직하고, 편지쓰기 캠페인을 벌이고, 증언하고, 기자회견을 하며 3년을 싸웠다. 드디어 1982년 제리 브라운Jerry Brown 주지사는 캘리포니아의 획기적인 소비자 보호법인 레몬법에 서명했다. 결국 캘리포니아의 법은 다른 49개 주의 유사한 법의 모델이 되었다. 미네소타 주검찰총장 스킵 험프리Skip Humphrey는 50개 주의 검찰총장 전부를 대표하여 "주 단위의 새 자동차 레몬법은 지난 십년 사이에 일어난 소비자 보호조치 가운데 가장 중요한 사건이었다."라고 말했다.

당시 자동차업계는 워싱턴에 큰 영향력을 휘두르고 있었고, 레이건 대통령은 불안하고, 불완전한 자동차에 대한 규제를 철폐하고 있었다. 그러나 일단 각 주에서 소비자 보호정책을 들고 나오자, 생산자들은 들고 일어나는 시민의 활동에 대응할 수밖에 없었다.

지난 20년 간, 생산자 단체들은 수많은 불량품 소유자들에게 환불 조치를 해야만 했다. 한번은 자동차업계에서 캘리포니아의 레몬법을 없애려고 했을 때, 우리는 빨간 픽업트럭을 빌려 800파운

드의 레몬을 주의회 앞에 쏟아 버렸다. 이 이벤트는 전국 언론에 보도되었고, 개정 법안 발의자가 소비자에게 피해를 주는 법에서 보호를 오히려 더 많이 제공하는 법으로 고치도록 이끌었다. 나는 오늘도 여전히 소비자들이 안전하고 믿을 수 있는 교통수단을 얻을 수 있도록, 그리고 정당한 거래가 성립되도록 권장하는 일에 종사한다. 그리고 참여정신이 강한 몇 사람의 시민이 얼마나 큰 변화를 일으킬 수 있는지 생생히 알고 있다.

MoveOn Tips

- 같은 처지에 있는 사람들과 연락하라. 당신과 같은 목표를 가진 다른 그룹과 힘을 합쳐라.
- 예상되는 방해에 대비하고 그 때문에 일이 멈추지 않도록 하라.
- 공공문제에 관심이 있고 공공을 위해 열정적으로 일해 줄 의원들을 찾아라. 그리고 그가 공적 이익의 편에 서 있다는 사실을 유권자들에게 알리고 인식시켜라.
- 당신의 일을 언론에 알려라. 그들이 처음부터 기사로 다루지 않는다고 상심하지 말라. 계속 노력하고 진실을 말하라. 시간을 내서 기자나 편집자들을 만나라.
- 항상 비폭력, 평화적 방법을 사용하여 당신의 목표를 달성하라.

로즈마리 샤한은 자동차 신뢰도와 안전도를 걱정하는 소비자모임Consumers for Auto Reliability and Safety의 대표다.

법률 개정을 발의하라
Initiate a Constitutional Amendment

알프레드 드레이퍼스 새뮤얼슨, 50, 워싱턴DC

Alfred Dreyfus Samuelson, 50, Washington, DC

"드레이야, 너는 내가 아는 누구보다도 재능을 썩히고 있구나."
1982년 작고 말썽만 많은 네브라스카 농민협회에 취직했을 때 아버지께서 하신 말씀이다. 그분은 내가 변호사가 되길 원했다. 아마도 당신 뒤를 잇기를 바라셨을 것이다. 하지만 나는 원래 사람들 앞에서 말하는 것을 싫어했기 때문에 법대 진학은 생각조차 하지 않았고, 29세가 되도록 도무지 제대로 이뤄낸 것이 없었다. 사실, 당시 많은 사람들에게 농민협회란 그저 민중주의 운동의 잔재로 여겨졌고 그나마 겨우 명맥만 유지하고 있었던 것이다.

한편, 1981년에 프루덴셜 보험회사가 한번에 30,000에이커(3,600만 평)의 땅을 사고는 바로 원형관수시스템(미국 사막지대 관개 시스템)을 무작정 설치하는 것을 보자 네브라스카 주 토착 주민들은 놀랐다. 환경을 위협할 뿐만 아니라 만일 추가 구매가 이루어질 경우 거대한 불공정 경쟁 속에 네브라스카 농민들의 삶은 위협을 받게 될 게 틀림없기 때문이다.

1982년 당시 니일 옥스톤Neil Oxton이 회장으로 있던 농민협회에서는 농장법인의 추가적인 농지 구매 또는 가축 생산을 못하도록 규제하는 법안을 발의하기로 결정했다. 그러나 대부분의 농민들은 옥스톤의 계획이 큰 실수라고 생각했는데, 왜냐하면 만일 협회가 발의에 필요한 서명자 수를 채우지 못하거나, 법안이 통과하지 못한다면 네브라스카 농민협회의 체면이 깎일뿐더러 이러한 주장을 적어도 몇 년은 다시 꺼내지 못할 것이기 때문이었다. 그럼에도 불구하고 회장은 용감하고 대담하게 이 일을 추진했다.

도움이 필요하다고 생각한 옥스톤 회장은 나를 고용해 여기에 필요한 60,000명의 서명을 받기로 했다. 나에겐 다섯 달이라는 시간과 고작 몇 명의 자원봉사자들이 있었을 뿐이었다. 세 달 동안 우리는 백방으로 뛰었으나 고작 1,500명의 서명만 받을 수 있었다. 우리는 지게 되어 있었고 나는 그것을 알고 있었다. 아버지 말씀이 옳았다. 하지만 하나의 희망은 있긴 했다. 서명할 때 주변 사람들에게서 탄원서를 더 받아 올 의지가 있는 사람들에게 탄원서 몇 장씩을 더 줬기 때문이다. 나는 마지막으로 1,500명에게 다음과 같은 내용의 편지를 썼다. "우리가 행동하지 않으면 프루덴셜 사가 이깁니다. 지금 아니면 안 됩니다."

다섯 달의 기한의 마지막 달이었던 6월 초, 그동안 겨우 겨우 들어오던 탄원서가 마치 구약성서 아모스처럼 "강대한 정의의 강"처럼 밀려들었다. 놀랍게도 매일같이 수천 장의 서명지가 도착했고, 결국 6월 초 '발의안 300'은 주 투표에 부쳐지게 되었다.

8월 말, 대기업 연합이 500,000달러의 기금을 조성해 우리의 발의안을 "반기업자유"라 지칭하며 철회시킬 계획이라고 발표했다. 우리 농민협회에는 돈이 거의 없었다. 궁지에 몰렸다.

뉴스 미디어는 좋은 싸움거리를 찾는데 이 사건이야말로 그들의 구미에 딱 맞았다. 결국 이 문제는 주 내에서 가장 큰 이슈로 떠오르게 되었다. 나는 전혀 준비가 되어있지 않았던 역할을 맡게 되었다. 대변인을 맡아야 했던 것이다. 나는 공포에 떨었다.

얼마 지나지 않아 텔레비전 토론 프로그램에 나가 발의안을 옹호해 보라고 조직은 권했다. 그들에게 내 공포심을 털어놓기는 너무나 부끄러웠지만 주 전체에 방영될 프로그램에서 말문이 막히는 일을 상상하며 공포에 질려 있었다. 위트를 구사하며 말할 수 없을 것 같아 겁에 질렸다. 그러나 막상 그 때가 되자, 너무 기쁘게도 내 입장을 피력할 수 있었다. 자신감이 치솟았다. 그러고 나니 다음 TV 토론을 기다리는 내 자신을 발견할 정도였다. 다음 토론도 깨끗하게 이겨 냈다.

그 발의안은 여전히 압도적으로 우세한 것은 아니었다. 발의안 300을 반대하는 TV와 라디오 광고, 편지들, 논평들이 네브라스카 사람들을 위협했다. 마치 네브라스카 권력 구조가 우리의 반대편에 있는 것만 같았다. 마지막 두 번의 여론조사 결과는 한 번은 이기고 다른 한 번은 져서 투표일에 도무지 어떻게 될지 알 수 없었다.

놀랍게도 우린 56대 44로 승리를 거두었다. 그들이 460,000달러를 우리가 30,000달러를, 즉 15대 1 정도로 예산을 썼는데도 불구하고 말이다. 이것은 단지 가구단위 농민들의 승리일 뿐만 아니라 엄청나게 강해 보이는 힘들을 적어도 가끔은 이길 수 있다는 사실을 알게 된 일반 시민들의 대승리였다. 발의안 300은 21년이 지난 2003년(현재)까지 네브라스카 주법률로서 효력을 가져 가구단위 농민들과 농장주들을 보호해 왔으며, 연방대법원까지 올라가기도 하고 주 내에서도 반복되는 반대를 무릅쓰고 살아남아 왔다.

그리고 14년 뒤, 아버지는 노스 캐롤라이나의 돼지농장에서 발생하는 끔찍한 환경 파괴에 관한 장면을 '60분60 Minutes'이란 프로그램에서 보고 내게 전화를 했다. 내가 네브라스카를 비슷한 운명에서 보호하는 것을 도왔다는 사실이 무척 자랑스럽다고 말씀하셨다. 내 인생의 가장 행복한 순간들 중 하나였다.

MoveOn Tips

- 미국의 모든 주는 법률 개정을 위한 규칙과 절차를 각각 규정해 놓고 있다. 해당 주정부 국무부 홈페이지에 접속해 관련 규정을 찾아보라.
- 미 헌법 전문은 www.usconstitution.net에서 볼 수 있다. 특히, 선거인단제도와 개정과정에 대해 이해하기 쉽도록 주제별로 정리해 놓고 있다.
- 개정안 비준의 성공사례는 www.usconstitution.net/constamnotes.html에서 볼 수 있다.
- 시민발의를 시도하기로 결정했다면 시민발의 및 국민투표에 관해 잘 정리해 놓은 www.iandrinstitute.org를 방문해 보라.
- 어떤 경로를 밟든지 간에 동조하는 집단들과 연합하는 것이 좋다. 이는 일의 부담을 줄이고 더 폭넓은 지지를 기대할 수 있다. 연합이 가능하다고 생각하는 단체 대표들에게 직접 연락하고 만남을 가져서 지지해 줄 것을 부탁하라.

알프레드 드레이퍼스 새뮤얼슨은 성인이 된 뒤 진보정치에 몸 담고 있으며, 현재 사우스 다코타 주 상원의원 팀 존슨의 사무장으로 있다. 결혼했고 두 명의 양자가 있다.

사회적 책임을 다하는 직업을 구하라
Get a Socially Responsible Day Job

줄리아 라몬트, 25, 워싱턴DC

Julia Lamont, 25, Washington, DC

대학을 졸업하고 나는 민주적 이상을 일터에서 이어가기로 결정하고, 사회에 긍정적인 영향을 주는 "사회적 책임socially responsible"을 실천할 수 있는 기관에만 이력서를 내기로 했다. 주변 사람들, 부모님, 친구들 모두 내가 선택권을 너무 좁힌다고 충고했지만, 난 내가 신뢰할 수 있는 조직에서 일하는 것이 직업적 성취를 위해서도 좋은 자극이 될 것으로 믿었다.

마침 워싱턴DC로 이사하게 되었는데, 그곳은 정치 정보가 많은 곳이었기 때문에 내겐 최적의 장소였다. 시간이 지나면서 부시 행정부에서 일어나고 있는 일들에 대한 나의 걱정이 점점 깊어갔다. 나는 걱정을 그칠 수가 없었다. 너무 많은 일들이 내가 사는 도시, 집 앞길, 마당에서 벌어지고 있었기 때문이다.

나는 많은 기관에 구직 신청서를 보내고 정보를 얻기 위해 그 직장에서 일하는 사람들을 만나 인터뷰를 했다. 사람들과 대화를 나눌수록 본인이 좋아하고 함께 하고픈 조직에서 일하는 것이 개인의 행복에 큰 영향을 미친다는 믿음이 더 확고해졌다.

몇 달 동안의 구직활동 이후, 나는 임신중절 합법화를 지지한 민주당 여성 의원을 후원하는 정치활동위원회인 "에밀리 리스트 EMILY' s List"의 구인공고를 보았다. 이 기관에 대한 정보를 더 알아갈수록 더 큰 관심이 생겼다. 내가 가장 관심을 가졌던 정치적 이슈 중 하나가 임신권reproductive right이었기 때문이다.

나는 지원했고, 취직이 되었다. 난 에밀리 리스트에서 일하는 것이 너무 행복하다. 우리 나라가 나아갈 지향을 바꾸기 위해 열심히 활동하고 있기 때문이다. 그리고 내가 이곳에서 하는 일 역시 그 과정의 하나라는 것을 안다. 매일 나는 같은 목표를 위해 일하는 지적이고 의욕적인 사람들에 둘러싸여 일한다. 가장 좋은 것은 직장을 구하기 위해 내 신념을 바꾸지 않아도 되고, 남자들에게 잘 보이지 않아도 된다는 점이다. 나의 직업은 신념과 목적을 실현하고 있다.

MoveOn Tips

- 만약 당신이 일터를 좀 더 사회적으로 책임 있게 만들고 싶다면 사회책임회사Businesses for Social Responsibility, www.bsr.org의 웹사이트를 확인해 보라. 회사가 도덕적 가치에 기초하여, 사람들을 존중하고, 사회를 존중하는 결정을 내리도록 도와주는 정보와 자원을 제공해 준다.
- Meiklejohn Civil Liberties Institute(www.mcli.org)는 정기적으로 미국 내 1,200개 이상의 진보단체의 정보를 싣고 있는 인권단체 디렉토리Human Rights Organizations and Periodicals directory를 출간한다.

줄리아 라몬트는 2001년 국제관계학과 러시아학으로 학부를 졸업했다. 현재 에밀리 리스트에서 핵심 코디네이터로 일하고 있다.

가족과 함께 행동에 나서라
Take Action with Your Family

다우드 아지지, 54, 조지아주 로렌스빌

Daud Azizi, 54, Lawrenceville, Georgia

나는 아프가니스탄에서 태어난 아프간인이자 귀화한 미국 시민이다. 아프가니스탄에서 살았던 경험이 있고 그 곳에 가족을 두고 있는 사람으로서, 나는 미국의 민주 절차와 시민의 자유 그리고 정당한 법적 절차에 진심으로 감사를 느끼고 있다.

9/11의 공포를 겪고 난 후, 나는 우리 군대가 탈레반의 손아귀로부터 아프가니스탄을 해방시키기 위해 파병되어 알 카에다와 싸우는 것을 전적으로 지지했다. 그러나 부시 대통령이 이라크 침공을 준비하고 나서자, 나는 매우 우려되기 시작했다. 내 생각으로는, 부시 대통령이 이라크를 침공할 도덕적 명분을 입증하지 못했다고 느꼈다. 이 전쟁에 반대하는 의견이 미국 내외에서 높아지기 시작하면서 나의 우려도 깊어만 갔다.

어느 날, 딸 레나Lena가 울면서 집에 왔다. 이라크 문제를 이야기하다가 딸의 고등학교 친구들이 "다 죽여 버려야 해"라고 말했다는 것이었다. 이것은 아무 맥락 없이 벌어진 일이 아니었다. 딸은 흐느끼면서 이런 모든 일로부터 벗어나서 살 수 있을 만한 곳은 없느냐고 물었다. 나는 가슴이 찢어지는 아픔을 느꼈다. 내 아이들이 미국에서 태어나게 한 것이야말로 내가 그들을 위해 해줄 수 있었던 최선의 일이라고 언제나 생각해 왔기 때문이었다. 절망적인 기분에 빠져서 며칠을 보낸 후, 나는 아이들과 이 나라를 사랑하기 때문에 이대로 가만히 있을 수는 없다고 결심했다.

그 첫 번째 단계로, 나는 정치과정과 투표에 참여하는 의미와 가치에 관한 편지를 썼다. 목사, 신문 편집장, 라디오 토크쇼 진행자 등 청중을 보유하고 있는 사람이면 누구에게든 그 편지를 보냈다. 나는 우리 주 하원의원 존 린더John Linder와 상원의원들에게 이라크 전쟁을 지지하지 말 것을 촉구하는 편지를 보내기 시작했다. 또한 정기적으로 재미 아프가니스탄 지역사회재단the Afghan Community Foundation에 편지를 보내서 유권자등록을 할 것을 상기시키기도 했다.

무브온의 이라크전쟁 반대 캠페인에 동참하면서 나는 한 대통령 후보를 지지하게 되었다. 그래서 우리 가족들과 함께 후보를 위해서 우리 집에서 두 번의 기금모금 후원행사를 함께 열게 되었다. 한 행사 때는 직장 동료들을 초청했고, 또 한 번은 재미 아프가니스탄 지역사회재단 회원들을 초청했다. 행사 때 나는 세계 희망의 횃불로서 미국이 왜 굳건히 서 있어야 하는지에 대해 이야기했다. 또한 부시 행정부를 둘러싸고 있는 신보수주의자들을 막지 못한다면, 도덕적 권위를 결여한 그리고 선제공격 정책으로 인해 끊임없이 원한을 낳는 제국주의 세력이 됨으로써 결국 이 위대한 나라를 파멸시키게 될 것이라는 점을 강조했다.

풀뿌리 정치과정에 참여하게 되면서 우리 가족은 미래에 대한 희망을 얻었다. 우리는 현재의 역사를 그늘지게 하고 있는 이 어두운 시기가 우리에게 영원한 상처를 남기지는 않으리라고 낙관하고 있다. 나는 지금 당면한 일시적인 좌절에도 불구하고 우리가 지구상에서 가장 위대한 나라에 살고 있다는 사실을 아이들이 한 치도 의심하지 않기를 바란다.

MoveOn Tips

- 아이들이나 다른 가족 구성원들이 정치적 사건에 어떻게 대처하는지에 주의를 기울이자.
- 당신이 관심을 가지고 있는 사안과 관련된 행동을 하려 할 때 가족과 함께 결정하라.
- 가족이 모여서 연설을 듣거나 논쟁을 지켜본 후 가족들이 각각 어떻게 생각하는지를 논의해 보아라.
- 아이들이 기금모금 행사나 집회, 항의 서한 보내기 혹은 당신이 정치적 견해를 표출하기 위해 선택한 여러 활동에 참여할 수 있도록 함으로써 아이들이 자신들의 힘을 느낄 수 있도록 하라.

다우드 아지지는 교환학생으로 1968년에 처음으로 아프가니스탄에서 미국에 왔다. 그는 1985년에 기쁘게 미국 시민이 되었으며, 요즘 조지아 이슬람센터Georgia Islamic Institute에서 유권자등록을 장려하는 활동을 하고 있다.

정치 토론모임을 주최하라
Host a Political Salon

수잔 오버만, 57, 버지니아주 샬로츠빌

Susan Oberman, 57, Charlottesville, Virginia

나는 1999년부터 "평화와 정의를 위한 샬로츠빌센터CCPJ, Charlottesville Center for Peace and Justice"에서 활동해 왔다. CCPJ는 1983년에 창설되었으며 최근에는 시민운동과 원조 외에도 직장에서 공동 작업을 하면서 의견 차이와 개성을 묵살하지 않고 서로를 고무하고 지원하는 일에도 목표를 두고 있다. 우리의 임무나 목표에 집중하는 것도 중요하지만 함께 일하는 방식에 관심을 쏟는 것도 잊지 말아야 한다. 그래야만 각자 개성의 차이를 인정하고 존중하면서 사적인 것과 정치적인 것을 통합하는 과정에서 우리가 달성하고자 하는 일에 관한 더 넓은 시야를 얻을 수 있기 때문이다. 우리는 위원회 회의와 CCPJ 살롱에서 대화 프로세스를 활용한다. 우리는 이를 '공유하는 리더십 모델'이라고 부르는데 각 사람 고유의 특별한 재능을 활용하고 이를 서로 가르치고 배우도록 격려하는 것이다.

매달 우리 집에서는 살롱이 열린다. 20~30명 정도의 규모다. 각 살롱의 계획과 구체적인 주제는 위원회에서 매번 정한다. 그 달의 참석자 명단이 나오면 초대장과 대화 주제에 관한 안내문이 발송된다. 위원회는 또한 인터넷 등에서 주제와 관련된 자료와 정보를 검색해서 살롱에서 제공한다.

모임은 대개 재미있는 이야기나 농담 등으로 서먹함을 풀면서 시작한다. 그리고 주제에 대한 소개와 대화 과정이 이어진다. 다음으로 소규모 그룹으로 나뉘어서 해당 주제에 대한 개인의 경험이나 느낌을 이야기하는 시간을 45분 정도 갖는다. "안보에 빼앗긴 자유" "석유와 전쟁" "식품안전정책" "정교분리" 등 다양한 주제가 가능하다.

2부에서는 몇 가지 주제가 제공된 가운데 각기 원하는 주제별로 그룹을 선택해서 45분 정도 토론하고 취할 수 있는 행동에 대해 이야기한다. 한 예로, 2003년 12월에 우리는 "조작된 전쟁: 탐욕의 표출"이라는 주제로 살롱을 열었는데 여기에서 소주제는 다음과 같았다.

1. 뉴스를 들을 때 진실과 거짓을 어떻게 구분할 수 있을까?
2. 우리가 보고 느끼는 것에 관해 다른 사람들에게 어떻게 이야기하는가?
3. 두려움과 좌절에 어떻게 대처하는가?

위원회 회원 중 한 명이 각 그룹 논의를 진행하며 관련 정보나 도구, 행동에 대한 아이디어들을 제시한다.

각 주제 그룹의 피드백으로 모임의 공식적인 순서는 마무리된다. 이후 사람들은 자유롭게 남아서 먹고 마시기도 하고, 계속 이야기를 나눌 수 있다. 이러한 살롱은 커뮤니케이션에 대한 것만이 아니라 정치의제를 가지고 있다는 점에서 전통적인 모델과는 다르다. 우리의 토론은 정치적 행동과 직접적으로 연결된다. "권력자"들이나 우리 의견에 동의하지 않는 사람들과 대화하는 것만큼이나 우리가 서로 대화할 필요가 있다는 것이 우리의 생각이다. 그리고 변화를 일으키기 위해서는 함께 모여야만 한다.

전 세계적으로 갈등을 풀기 위해 대화가 활용된다. 이를 우리의 일에 합치시킴으로써 평화와 정의를 바라는 모든 사람들, 이러한 목표가 가능할 뿐만 아니라 세계적으로 긴급히 필요한 일이라고 믿는 모든 사람들과 교감할 수 있다. 우리가 활용하는 대화의 원칙은 다양한 소스를 통해 얻은 것으로, 특히 분쟁해결전문가협회 the Society for Professionals in Dispute Resolution와 로스앤젤레스의 O.J. 심슨사건 재판 이후 구성된 연대 그룹들에서 만든 대화의 시대 프로그램the Days of Dialogue program에서 가져왔다. 살롱이라는 틀에서 우리가 대화 프로세스를 가르칠 수 있는 시간을 내기는 어렵지만, 미리 자료를 보내고 진행자의 역할을 하는 위원회 구성원들의 친절한 안내 하에 살롱에서 대화를 연습해 보려고 노력한다.

대화라는 개념의 출처 중 유용한 하나는 마틴 부버Martin Buber로, 그는 다음과 같이 말했다. "주관the subjective의 저 건너편, 객관 the objective의 이쪽 편, 나와 당신이 만나는 이 좁은 능선에 '사이 between'의 영역이 있다.… 여기 진정한 제3의 대안이 있으니, 진정한 인간을 다시 불러일으키고 진정한 공동체를 세우는데 기여할 지식이다."

MoveOn Tips

● 다음과 같은 대화의 원칙을 따르자.

  1. 모든 의견을 똑같이 존중하면서 귀 기울여라.

  2. 자기의 가설을 발표하라.

  3. 판단과 반응을 잠시 멈춰라.

  4. 당신의 의견을 솔직하게 말해라. 일인칭 시점을 사용해라.

  5. 질문을 확장해라. 그리고 질문을 던져라.

수잔 오버만은 버지니아 Charlottesville의 공인 가족중재인이다. 그녀는 가족 내의 "싸움"이 사회, 국가, 지구의 싸움의 축약이라고 믿으며, 따라서 개인적이고 정치적인 두 측면에서 다루어져야 한다고 믿는다.

당신의 돈을 변화를 위해 써라
Let Your Money Speak

안 슬레피안, 47; 크리스토퍼 모길, 47, 메사추세츠 알링턴
Anne Slepian, 47; Christopher Mogil 47, Arlington, Massachusetts

상상해 보라. 당신이 24살의 이상주의자이고, 가난한 도시빈민촌에서 지역사회 시민운동가로 일하고 있다고. 그러던 어느 날 당신은 전화를 받는다. 한 여성이 월스트리트 투자기관 직원이라면서, 활기 있는 목소리로 당신의 할머니가 유산으로 남긴 주식 포트폴리오를 우송했으니 며칠 뒤에 도착할 것이라고 통보해 준다.

이게 무슨 말인가? 당신은 포트폴리오가 무엇인지조차 모른다. 당신은 거의 빈곤층에 속해 살아왔으니까. 당신이 믿는, 당신보다 훨씬 나이가 많은 동료 운동가들 중에 통장에 1,000달러가 있는 사람도 없다. 당신은 그보다 수백만 배 더 많은 돈을 받게 될 것이다. 당신은 어떻게 하겠는가?

이것이 1980년대 초 우리의 인생을 바꾸어 놓은 사건이었다. 우리는 가장 중요한 가치관의 실현을 위해 돈을 어떻게 사용해야 하는지에 대해 진지한 탐색에 나섰다. 2번째의 유산이 도착했을 때는 우리는 놀라지 않았고, 이미 충분한 돈을 갖고 있다고 생각했다. 그래서 그 돈 전액을 사회 변화를 위해 쓰기로 결정했다. "돈

이상의 것More Than Money" 이라는 비영리기관도 만들었다. 우리와 같은 사람들이 그들의 재산을 세상을 바꾸는 데에 쓸 수 있도록 도와주는 것이 이 기관의 목적이다. 이러한 활동으로 우리 삶에서 돈의 의미는 끊임없는 근심의 원천에서 활기차고 영향력 있는 수단으로 뜻 깊은 변화를 하게 되었다.

세상의 변화를 위해 일하는 사람들 중의 많은 이들이 돈에 대해 부정적인 생각을 갖고 있다. 우리는 부자들을 지구의 '나쁜 사람들'로 판단한다. 돈은 악마 같은 것이고, 우리는 절대로 충분하게 가질 수 없으며, 만약 갖고 있다 하더라도 돈을 관리할 능력은 없다고 말이다. 혹시 필요한 양보다 더 많은 돈을 갖게 된다면 보통은 그 사실을 숨기게 된다. 개인적으로 갖고 있는 돈의 상황에 대해서 자유롭게 말하는 것은 우리 모두에게 금기시되어 왔다. 이러한 믿음(그리고 또 여러 가지 다른 생각)은 돈이 만들 수 있는 긍정적인 에너지를 제대로 사용하는 것을 방해한다.

우리의 재원이 무엇이든지 상관없이, 우리의 돈은 건설적인 힘이 될 수 있다. 미국인들은 지구 역사상 가장 부유한 국가에 살고 있다. 쇼핑몰에 가서 써 버리거나 빌 게이츠Bill Gates가 이것저것을 해결할 때까지 기다리지 말고, 우리 스스로 문제를 해결하여야 한다. 우리가 가진 돈에 생명력 넘치는 힘을 부여해야 한다.

안 슬레피안과 크리스토퍼 모길은 '돈 이상의 것' 단체의 창립자이다. 이들은 글을 쓰고, 노래하고, 조직하고, 홈 스쿨링을 하고, 플래이백 씨어터 Playback Theatre(www.truestorytheater.org)를 관리하며, 기부자 교육 (www.donorleaders.org)에 관한 상담을 한다.

MoveOn Tips

- 지역사회 발전을 위해 힘쓰는 기관 혹은 은행에 예금하자. www.communityinvesting.org를 체크해 보라. 퇴직연금으로도 변화를 만들 수 있다. 대규모 펀드에 가입하여 위험은 줄이고 이윤을 얻을 수 있는 사회적으로 평가받은 뮤추얼펀드를 선택하라. www.communityinvesting.org와 www.coopamerica.org를 통해 여러 펀드를 비교해 보라. 지역사회 발전 대출 펀드, 소기업 펀드, 지역사회 발전 은행 또는 신용조합 등에 투자할 수도 있다. 이윤은 상대적으로 적겠지만 당신의 돈은 저소득층 사람들이 생계를 꾸려가고 집을 살 수 있도록 도와준다.

- 공정임금이나 지속가능 환경을 지지하는 상품이나 서비스 구매에 당신의 돈의 일부라도 사용하라. www.coopamerica.org에서 "녹색사업체"들의 리스트를 검색하라.

- 변화를 위한 주장, 단체, 사람들에게 주의를 기울여라. www.calvertfoundation.org에서 다양한 옵션을 확인해볼 수 있고, 기금을 지원할 수 있다.

- 장기적으로 얼마의 돈이 필요한지 계획해 보라. 저렴한 자산관리 소프트웨어로 도움을 받을 수 있다(자산관리사의 조언도 받으면 더 좋다). 자산에 여분이 있다면 그 돈을 변화를 위해 어떻게 쓸 수 있을지 결정하라. 당신 개인에게 가장 스릴 있고, "1달러로 만들 수 있는 가장 큰 충격"이 무엇이겠나? www.morethanmoney.org를 통해 이러한 질문들에 대한 답을 찾고 있는 지역 동료들과 연계하라.

- 친구들을 뉴드림www.newdream.org같은 단체의 회원으로 가입하게 하고, 당신과 함께 우리의 돈이 어떤 변화를 만들 수 있는지 확인해 보라. 혼자가 아니라 뭉치면 우리는 굉장한 경제적 힘을 갖게 된다.

여럿이 함께 의사표현할 수 있는 방법을 찾아라
Help Others Express Their Political Views

케이틀린 오르, 17, 캘리포니아 풀러톤

Caitlin Orr, 17, Fullerton, California

"우리가 정말 원하는 게 백만 명의 새로운 테러리스트냐?" 매일 아침 나는 어머니가 냉장고 문에 걸어놓은 반전 구호를 읽는다. "절대로 안 돼!"라는 것에 친구들과 나는 동의하지만 이라크 침공을 막기 위해 우리가 할 수 있는 최선의 역할이 무엇인지를 알 수가 없었다.

마침내, 반전 포스터를 학교에 붙여서 학생들이 평화운동에 참여하도록 할 수 있을 것이라는 생각이 떠올랐다. 나는 최소 30장의 포스터를 붙였고 여러 선생님들이 교실에 포스터를 붙여도 된다고 기꺼이 동의해 주었다. 그러나 날이 저물 때쯤이 되자, 외부에 부착한 포스터는 모두 학교 행정처에서 찢어버렸거나 "사담을 죽여 버려"라든가 "지금 당장 이라크에 쳐들어가자, 나는 값싼 석유를 원한다"와 같은 낙서들로 망가져 있었다. 나는 더 오래 가는, 특별하고, 참여를 이끌어 낼 수 있는 저항 방식을 찾아야만 했다.

고등학생들에게 패션보다 더 잘 통할 수 있는 방식이 또 있겠는가? 나는 그렇게 판단했다. 여기에서 '평화를 생각하세요 티셔츠

Think Peace T-shirt' 가 탄생했다. 이 셔츠는 검은 색 바탕에 앞에는 흰색으로 다음과 같은 평화의 문구가 씌어져 있다. "평화를 생각하세요. 반전 운동을 지지하세요." 셔츠의 뒷면에는 내가 가장 좋아하는 범퍼 스티커 구호인 "전쟁은 누가 옳은지 판단하지 않는다. 다만 누가 남는지만 결정한다."를 새겼다. 일주일 만에 전쟁에 반대하는 입장을 표현하고 싶어 하는 학생들과 교사들로부터 58건의 주문을 받았다. 나는 매주 금요일에 이 셔츠를 입어줄 것을 부탁했다.

학생들과 교사들이 이 셔츠를 입고 나온 첫 금요일, 반응은 엇갈렸다. 그러나 즉시 더 많은 주문이 들어왔다. 친구들은 이 셔츠를 입음으로써 최소한 무언가 동참하고 있다는 느낌이 든다고 말했다. 나는 두 번째 그리고 세 번째 주문을 넣었다.

다수의 교사들, 학생들 그리고 학교 직원들은 나의 평화를 생각하는 티셔츠가 매주 금요일 위력을 발휘하게 되자 당혹스러워 했다. "너는 왜 그렇게 비애국적이니?" 그렇게 비난하는 동급생들도 있었다. 나는 "내가 애국심이 없었다면, 우리 나라가 무슨 짓을 하든 내가 왜 신경 쓰겠니?"라고 대꾸해 주었다.

2주 후, 로스앤젤레스 타임스의 다니엘 이Daniel Yi 기자가 나를 인터뷰했다. 나는 내가 겪었던 고초를 토로했다. 예를 들어, 교장 선생님은 나에게 교내에서 셔츠를 판매해서는 안 된다고 경고했고, 화가 난 교사 한 명은 금요일마다 대체교사로 강의를 시키고 자기는 결근했다는 이야기도 했다. 인터뷰가 끝난 후, 기자는 고등학생이 이런 엄청난 논쟁을 불러일으킬 수 있다는 사실에 감동받았다고 말했다. 기사는 로스앤젤레스 타임스의 캘리포니아 섹션 제1면에 실렸다.

내용에 감탄한 사람들로부터 편지와 이메일이 쏟아지기 시작했다. 친구 한 명이 씽크 피스 웹사이트를 개설할 수 있도록 도와주었고 나는 씽크 피스 명함을 주문했다. 나는 다른 여러 언론과도 인터뷰를 했고 대단한 사람들이 연락을 해오기도 했다. 나는 매년 네 명의 여성에게 수여되는 "오렌지 카운티의 변화를 이끌어내는 여성들Women Making a Difference in Orange County" 의 최연소 수상자로 뽑혀서 우리 주의 여성 하원의원과 상원의원에게 상을 받았다. 평화행진에 나갈 때면 내가 모르는 사람들이 나의 셔츠를 입고 있는 모습도 보이기 시작했다. 가장 최근 통계로는 이미 700명 이상의 사람들이 셔츠를 구입했으며, 지금 또 새로운 주문을 할 준비를 하고 있다.

사람들은 내가 자신들에게 영감을 불어넣어 주었다고 말한다. 그렇지만 나는 그저 사람들의 가슴 속에 이미 끓어 넘치고 있었던 감정을 표출할 수 있는 하나의 방법을 제시해 주었을 뿐이었다. 내가 처음 이 일을 시작했을 때, 내가 아무 것도 아닌 것처럼 느껴졌지만 이제는 내가 열정을 느끼고 있는 것을 위해 의미 있는 싸움을 했노라고 느낀다. 마가렛 미드Margaret Mead의 말처럼 "사려 깊고 헌신적인 소규모의 시민들이 세상을 바꿀 수 있다는 것을 절대로 의심해서는 안 된다." 이 모든 일은 그저 "평화를 생각하면서" 시작되었다.

MoveOn Tips

- 유나이티드 포 피스United for Peace(www.unitedforpeace.org)의 도구나 자료를 활용해서 평화운동에 참여하라. 사이트를 통해 자신의 견해를 표현하기 위해 원하는 버튼이나 스티커, 포스터 등을 구해 보자.

케이틀린 오르는 풀러톤 고등학교 학생이자 P.E.A.C.E.모든 분쟁에 도덕적으로 반대하는 사람들, People Ehically Against Conflict Everywhere 클럽의 설립자이자 회장이다. 평화를 생각하는 티셔츠에 대해 더 알고 싶다면 www.artandweb-design.com/thinkpeace를 방문해 보라.

예술로 당신의 주장을 표현하라
Express Your Views through Art

캐서린 블룸, 35, 버몬트 샬롯트 · 뉴욕 뉴욕

Kathryn Blume, 35, Charlotte, Vermont, and New York, New York

2002년 12월, 나는 절망에 빠져 있었다. 뉴욕에서 실직한 배우로 산다는 것 자체가 충분히 힘겨운 일이다. 게다가 전 세계를 완전한 아마겟돈으로 이끌 것이 자명한 이라크 전쟁까지 임박해 있으니, 그야말로 완전한 비관과 절망의 상태였다. 나는 항의 서한도 보내고, 집회에도 참가하고, 아랍 언론에 사과의 편지도 보내고, 우리 집 창문에 이라크 전쟁반대 포스터도 붙였다. 그러나 이 어떤 것도 충분한 효과가 있는 것 같지 않았다.

마침내, 나는 뉴욕에 있는 전쟁에 반대하는 연극 THAW, Theatres Against War이라는 새로운 모임에 대해 알게 되었다. 이들은 3월에 큰 행사를 계획하고 있었는데 연극 예술가들에게 그 행동의 날을 위해 특별한 무언가를 만들어 보라고 권했다. 나는 아리스토파네스Aristophanes의 고대 그리스 희곡 리시스트라타Lysistrata의 영화 대본 각색 작업을 하던 중이었다. 이 연극은 전쟁에 지친 여성들이 남자들이 칼을 내려놓을 때까지 남편과의 섹스를 거부한다는 내용이다. 아직 각색 작업이 끝나지 않아 나의 각본을 내놓기는 이르지만 몇몇 친구들을 초청해서 희곡의 낭독회는 할 수 있겠다고 생각했다. 그것이 내가 기여할 수 있는 방법이 될 것이었다.

나는 친구 샤론 바우어Sharron Bower에게 함께 희곡 낭독회를 해보자고 청했다. 그녀도 좋은 아이디어라고 생각했다. 그리고 여기에서부터 사건이 시작되었다. 우리는 서로의 아이디어에 기반해서 "그래! 그리고…" 하는 식으로 맞장구치며 대화를 이어갔다. 우리는 이것을 이라크에 인도주의적 원조를 보내기 위한 자선행사의 하나로 진행하기로 했다. 우리는 모금이 된다는 기대로 유명인사를 캐스팅하기로 결정했다. 우리는 낭독회를 한 번 이상 할수도 있을 것이라고 생각했다. 24시간도 채 지나지 않아 우리는 전 세계를 대상으로 이를 시도해 보기로 결심했고 이렇게 해서 리시스트라타 프로젝트가 탄생했다.

우리는 여러 날을 들여 웹사이트를 만들었다. 자작 희곡 낭독회 제작법을 제공하는 포괄적인 온라인 공간이었다. 그리고 아는 사람 전부에게 프로젝트를 알리는 이메일을 발송했다. 사람들은 멋진 아이디어라고 칭찬했고, 지인들 전부에게 또 이메일을 전달했다. 두 번에 걸쳐 이메일이 전달된 것이다. 미국 전역 그리고 전 세계 사람들이 희곡 낭독회를 하겠다고 자원하고 나서기 시작했다.

2003년 3월에는 59개 국가 그리고 미국의 50개 주에서 1,029건의 낭독회가 진행되었다. 전 세계의 주요 신문, 잡지, 라디오, TV 뉴스 프로그램에서 우리의 프로젝트를 보도했다. 사람들은 여러 단위에서 낭독회를 진행했다. 거실에서 하기도 하고, 소규모 지방 극장에서 하기도 하고, 아주 유명한 인사들과 함께 주요 행사장에서 하기도 하고, 이동주택 주차장 식당, 쿠르드 난민캠프에서 열기도 했다. 중국에서, 예루살렘에서 그리고 신분이 노출되면 해고

될 수 있기 때문에 국제 기자단 기자들이 익명으로 이라크 북부에서 진행한 것을 포함해 비밀 낭독회도 있었다.

우리는 전쟁을 막지는 못했다. 그러나 우리는 저항의 목소리를 대변하고 확산시켜 주는 것이 너무나도 중요한 일이라는 것을 알고 있다. 참가자들은 자신들의 의견이 중요하다는 것을 인식하고, 생각을 공유하는 사람들을 찾고, 부시 대통령이 모든 미국인의 이해를 대변하는 것은 아니라는 점을 전 세계에 확실하게 알려야만 한다. 후에 우리에게 편지를 보낸 사람들도 모두 같은 이야기를 했다. 언론이든 정부든 우리의 목소리에 귀기울여주지 않는다는 사실에 대한 절박함, 공포, 좌절 속에서 우리의 낭독은 소란스러운 축복이었다고.

MoveOn Tips

- 보도자료, 토론 주제 그리고 기타 사람들이 쉽게 참여할 수 있는 다양한 방법들을 담은 포괄적인 웹사이트와 함께 실질적인 조직을 만들어보자. 이벤트의 규모는 상관없다.

- 특히 언론에 이야기할 때 분명하고 간결하게 말할 수 있을 만큼 구체적이고 분명한 목표를 세워라. 핵심 메시지에서 벗어나지 않도록 노력하라.

- 기대하는 결과에 너무 얽매이지 마라. 궁극적으로, 어떤 결과가 나올지는 전적으로 우리의 통제 밖이다.

캐서린 블룸은 배우이다. 그녀의 가장 최근 프로젝트는 리시스트라타 프로젝트의 경험을 묘사한 1인극 "The Accidental Activist"의 순회공연이다. 더 많이 알고 싶다면 www.LysistrataProject.com이나 www.TheAccidentalActivist.com을 방문해 보라.

창의적으로 메시지를 광고하라
Advertise Your Political Vision

크레그톤 피트, 46, 캘리포니아 패스픽 그로브

Creighton Peet, 46, Pacific Grove, California

다른 많은 미국인들처럼, 나는 9/11 공격에 대한 우리 정부의 폭력적 대응에 우울해 하고 있었다. 2002년 가을, 부시 행정부는 국내와 세계의 비난에도 불구하고 전례 없이 이라크 선제공격을 준비했다. 그때 내가 받은 모욕감, 두려움, 무력함은 설명할 수조차 없다.

집회에서 포스터를 나누어주고, 무브온 편집자에게 편지를 쓰고, 촛불집회에 참여하는 것으로 나는 반대의사를 표명했다. 그러나 그것으로는 충분하지 않았다. 난 내 방식대로 더 큰 영향을 줄 수 있는 일을 하고 싶었다.

기회를 찾아다니던 중 샌디에이고에서 2003년 슈퍼볼이 개최된다는 사실에 흥미를 느꼈다. 전국적이고, 대규모의 이벤트에서 당시 논쟁이 분분했던 평화의 메시지를 더 널리 알리고 정당화하기에 좋은 기회로 보였다. 게임이 있기 1주일 전 항공 광고회사에 전화를 걸었는데 광고 기회가 남아 있었다.

보안문제로 스타디움 바로 위의 가장 좋은 공중 공간은 허락되지 않아서 거대 광고주들은 이 기회를 포기했다. 그러나 내게 그런 것은 문제되지 않았다. 그날 샌디에이고 전역에 팬들이 모여들 것이니까. 더구나 가격도 시간당 375달러로 할인받았다.

샌디에이고 같은 해변 도시에서 항공 광고는 아주 적절하다. 수 많은 야외 슈퍼볼 행사와 파티가 잡혀 있었다. 사람들은 내 항공 광고를 쉽게 볼 수 있을 것이다. 이런 방식의 광고는 여전히 익명 이 보장된다. 친구들에게 지원금을 받았으니 이 노력에 대한 스폰 서는 "소규모 개별 시민들"이 된다.

무브온은 "현지 조사부터 시작하라"라는 문구의 광고 캠페인을 막 시작했었는데 나는 이 활동적이고 희망적인 호소가 마음에 들 었다. 그리고 내가 슈퍼볼에서 보여 줄 수 있는 어떤 평화의 메시 지 못지않게 급진적이라 생각했다. 나는 미국 주류사회에서 평화 운동이 정당한 추세로 받아지도록 하고 싶었다. 그리고 여론이 온 건하고 점잖은 대화의 방향으로 옮겨 가도록 만들고 싶었다.

무브온이 슬로건을 써도 된다고 허락했다. 나는 항공기를 예약 하고 우리의 애국심을 강조하기 위해 배너에 적힌 우리의 평화 메 시지 뒤에 미국 국기도 달았다. 그 주말 샌디에이고 날씨는 무척 좋았고 사람들은 모두 야외에 나가 있었다. 우리의 작은 비행기는 토요일과 일요일 양일간 총 4시간 동안 하늘을 날았다. 우리는 게 임 시작 전 스타디움을 한 바퀴 돌기도 했다. 앞자리의 기업가와 일찍 도착한 관객, 기자들의 눈에 띄기 위해서 였다.

나는 얼마나 많은 사람들이 실제로 메시지를 봤는지는 모른다. 2차 미디어를 통해 광고를 접한 잠재적 관객까지 포함하면 수백만 명일 것이다. 1,500달러로 나는 슈퍼볼에서 수백만 달러를 쓰는 전국 광고주들과 같은 효과를 얻을 수 있었다.

창의력과 적은 예산으로 당신은 큰 이벤트에 많은 군중들 앞에서 당신의 메시지를 전달할 수 있다. 그리고 그것은 상상 외의 큰 영향을 줄 수 있다. 그 주말에 우리는 연못에 돌을 던졌다. 그 파문이 필요한 곳으로 전달될 것을 믿으면서.

MoveOn Tips

- 어떤 대중 이벤트이건 광고에 주목하는 관객이 있기 마련이다. 당신의 지역에서 일어나는 주요 이벤트나 큰 행사 리스트를 만들어라(예를 들어 콘서트, 축제, 스포츠 행사 등).

- 지역 전화번호부의 '광고'란을 살펴보라. 항공, 야외, 이동 수단 혹은 홍보 광고회사를 찾아보라. 인쇄소도 잊지 마라.

- 가능한 기회와 자원이 무엇인지 찾았다면 즐겁고, 개인적으로 의미 있는 수단으로 광고할 방법을 찾아라.

- 다른 사람들이 어떻게 광고를 적절히 이용했는지 참고하라. MoveOn에 더해, www.CaliforniaPeaceAction.org나 www.TomPaine.com, www.Fenton.com, www.Whitehouse.org, www.Micahwright.com, www.CodePink4Peace.org 등의 사이트를 찾아보라.

- 굳이 항공기를 사용할 필요는 없다. 이동통신 게시판, 공공 게시판, 신문, 이벤트 프로그램 광고, 홍보물, 포스터, 스티커, 버튼 등을 이용해 보라. 이 모든 것이 영향을 줄 수 있다.

크레그톤 피트는 작가이다. 그는 특히 가장 절망적일 때 나라를 사랑하는 작은 노력으로도 변화를 만들 수 있다는 사실을 독자들에게 상기시키고자 한다.

후기
Afterword

엘리 파라이저, 무브온 캠페인 디렉터
Eli Pariser, Campaigns Director, MoveOn

여기 내 이야기가 있다. 2001년 9월 11일, 나는 20세였다.

항공기가 세계무역센터에 부딪치고 이어서 펜타곤을 치고, 펜실베이니아에 떨어졌을 때, 나는 다른 미국인들과 똑같이 반응했다. 나는 두려움에 떨었다.

다음날, 대통령과 정치인이 대국민 성명을 시작했을 때 내 생각은 미래로 내달렸다. 공격에 대해 복수로 대응한다면 미래에 더 큰 불행이 닥칠 것 같아 걱정이 되었다. 그날 저녁, 나는 작은 웹사이트를 만들었다. 그 사이트는 공격에 대처하는 미국의 더 건설적이고, 다양한 아이디어를 제시했다. 또한 부시 대통령과 다른 세계의 지도자들에게 보내는 청원서도 포함시켰다. 그날 밤, 나는 그 메시지를 내 친구 30명에게 보냈다.

일주일 후 어느 날 아침, 내 이메일 함에는 생면부지의 사람들로부터 온 수천 개의 메시지가 있었다. 곧 이어 너무 많은 사람들이 내 홈페이지에 접속을 시도해 서버가 다운되었다. 그 주말에 내 작은 홈페이지는 인터넷에서 상위 500위에 들었다. 심지어 5명의 사람들에게서 한꺼번에 이메일로 내 청원서를 받은 루마니아인 기자의 연락도 받았다. 여러 사람의 입을 통해 청원서가 전달된 것이다. 사람들은 이메일을 그들의 친구와 가족들에게 보냈고, 그 이메일을 받은 사람들은 다시 그것을 친구와 가족들에게 보냈다.

2주 후, 192개 국가의 500,000명이 넘는 사람들이 청원서에 사인했다. 그들이 편지를 쓰고 싶다고 하면, 그들을 도왔다. 그들이 전화 통화를 하고 싶어 하면, 번호를 알려주었다. 나는 무브온MoveOn.org에서 일하기 시작했고 여럿이 함께 수백 번의 의회 방문, 수십만 명의 의사를 대신하는 청원서를 의회에 전달했다. 또 부시 행정부의 언론조작에 대응하는 광고비로 수백 만불을 모금했다. 수십만 명에서 시작하여 230만 명의 회원이 모이게 되었다. 2003년 2월 15일, 우리는 세계 역사상 가장 큰 시위에 기여했다.

그러나 내가 방에서 노트북 컴퓨터로 웹사이트를 만들었을 때는 이런 일이 일어나리라고는 상상조차도 못 했다. 전 지구적 운동에 대한 무슨 대단한 생각이 있었던 것도 아니다. 난 내 웹사이트가 친구들 사이에서 동의를 얻을 수 있을지에 대해서조차 의문이었다. 다만 당시 나라가 나에게 원하는 일을 내 나름대로 해야겠다고 결심했을 뿐이다.

돌이켜보면, 당시 무슨 일이 벌어지고 있었는지 정확히 알지 못했던 것 같다. 우리가 어떤 부분을 담당하고 있는지, 이야기가 시작되는지, 끝나고 있는지 알지 못한다. 종종, 우리는 이야기가 정말 무엇에 대한 것인지조차 모른다.

며칠 전, 조앤 블레이즈Joan Blades와 나는 신문 읽기에 대한 대화를 나누었다. 조앤은 "고백하자면, 과거에 나는 시사에 관한 기사는 별로 읽지 않았었지. 지금 매일 신문을 몇 페이지씩 차지하고 있는 일들이 일 년 후에는 한 두 문단으로 요약될 테니까 그렇게 많이 읽을 필요가 없다고 생각했어."라고 이야기 했다.

그리 틀린 말은 아니다. 지금 벌어지고 있는 일들은 시간이 지나면 스스로 해결될 것이다. 신문의 1면에서 서점의 책 1권으로, 책에서 책 안의 1장으로, 1장에서 1문단으로, 1문단에서 1줄의 문장으로 요약될 것이다. 인내심이 있다면 요약본을 읽을 수 있을 때까지 기다리는 일도 괜찮아 보인다.

그러나 이런 종류의 독자들에게는 큰 문제가 하나 있다. 나라의 이야기가 끝나기를 기다리면 안 되는 이유는, 우리 자신이 그 이야기속의 등장인물이라는 것이다. 그리고 우리가 그 이야기를 이해하기 시작할 즈음에는 벌써 우리가 이야기의 끝을 다르게 만들 수 있는 기회가 사라져 버린다.

이 책에 실린 이야기들 대부분이 2003년 9월에 내 보낸 무브온 이메일에 대한 대답이었다. 이들은 그때 우리가 받은 수 많은 이야기의 극히 작은 일부이며 그 수 많은 이야기 또한 세상에 일어난 많은 이야기의 아주 작은 일부분이다. 이 책에 실린 개인적 이야기는 바다에 떨어진 물방울 하나의 크기일 것이다.

이 이야기들 중 몇몇은 더 긴 이야기의 시작에 불과하다. 앞으로 어떻게 악덕 기업의 계획이 무산되는지, 어떻게 좋은 사람들이 선출될지 또는 어떻게 미국이 다시 세계의 인정을 받게 되는지에 대한 이야기의 시작이다. 그리고 몇 개의 이야기는 바로 이곳에서 끝나기도 할 것이다. 몇 년 후에는 쉽게 기억나지도 않을 것이다. 중요한 것은 어떤 이야기가 계속되고 어떤 이야기가 끝나는지 모른다는 것이다.

이것이 이 책이 단지 개인의 작은이야기에 머물지 않는 이유이다. 이야기들을 하나로 엮어주는 공통의 실은 아직 끝나지 않은 민주주의 이야기이다. 그것이 비극이 될지 희극이 될지, 그 중간 어디에서 끝날지 우리는 아직 모른다. 이야기가 어떻게 끝나게 될지를 알 수 있는 방법은 계속 글을 쓰는 것뿐이다.

펜을 들자.
다음 장을 시작하자.

감사의 글
Acknowledgments

우리는 우리 사회를 위해 노력하는 무브온 회원들에게 감사하고 싶다. 사람들은 점차 아래로부터의 지원을 완전히 새롭고 더 존중하는 태도로 보기 시작했다. 특히 이 책을 위해 글을 써준 모든 무브온 회원들께 감사드린다. 우리는 2,500개가 넘는 훌륭한 이야기들을 받았다. 그래서 우리는 계속 물어야 했다. "나라를 사랑하는 방법을 100가지로만 만들 수 있겠나?" 이야기 전부를 싣지 않는 일이 너무 어려운 결정이었기 때문이다. 여러분의 열정적인 지지에 감사드린다.

이 책을 발간하기 위해서는 매우 많은 집단적 노력 그리고 민주적 과정이 필요했다. 우선 우리는 지속적으로 무브온이 책을 낼 수 있도록 용기를 주었던 Inner Ocean 출판사의 부대표 카렌 보리스Karen Bouris에게 감사를 전한다. 그녀는 강력하고 고무적인 책을 통해 우리가 더 많은 사람들과 정치적 대화를 나눌 수 있을 것이라고 믿었다. 그리고 우리가 그 일에 성공했다고 믿고 싶다. 우리는 또 프로젝트를 한 가지 더 진행할 수 있을지에 대한 확신이 없었는데, 카렌은 우리를 설득했고 일을 성사시킬 수 있도록 도와주었다. 그리고 그녀는 능력 있는 편집자인 안젤라 와트로스Angela Watrous를 찾아 주었다. 그녀는 많은 저자들과 일하면서 이 책을 출판하는데 굉장한 몫을 해냈다. 이외에도 카피 에디터에서부터 디자이너, 광고 전문가, 열정적인 판매원 등 보이지 않는 곳에서 이 책에 과분한 애정과 노력을 보여준 분들이 많이 있다. 신기한 것은 이들 대부분은 무브온 초기부터 우리 회원이었던 사람들이다.

그리고 무브온팀이 있다. 그들 각자는 굉장히 능력이 있고, 헌신적인 사람들이다. 우리는 그들과 함께 일하는 것이 매우 영광스럽다.